오페라에서 찾은 **범죄심리**

Criminal Psychology in Opera

조윤오 | 신소라 공저

박영사

이 저서는 2016년 대한민국 교육부와 한국연구재단의 지원을 받아 수행된 연구임
(NRF—2016S1A6A4A01018015)

차례

제1장 서문: 오페라에서 찾은 범죄심리 • 7
　　　 −오페라에서 범죄의 원인을 찾는다

제2장 리골레토 • 15
　　　 −꼽추 광대 리골레토의 비극적 삶
　　　 오페라 속 범죄학 _ 25
　　　 오페라 속 범죄유형 _ 32

제3장 마술피리 • 45
　　　 −나는 엄마처럼 살고 싶지 않아요!
　　　 오페라 속 범죄학 _ 55
　　　 오페라 속 범죄유형 _ 63

제4장 라인의 황금 • 77
　　　 −인간의 욕망, 그 끝은 어디인가?
　　　 오페라 속 범죄학 _ 87
　　　 오페라 속 범죄유형 _ 94

제5장 카르멘   • 105

　　－사랑해서 그랬어…

　　오페라 속 범죄학 _ 112

　　오페라 속 범죄유형 _ 121

제6장 투란도트   • 135

　　－목숨을 건 사랑의 힘을 보라!

　　오페라 속 범죄학 _ 141

　　오페라 속 범죄유형 _ 152

제7장 세비야의 이발사   • 165

　　－사랑한다면 이들처럼!

　　오페라 속 범죄학 _ 170

　　오페라 속 범죄유형 _ 181

제8장 오페라와 범죄학, 그 밖의 이야기   • 195

　　－오페라와 범죄학의 다른 이야기들

　　라 트라비아타와 낙인이론 _ 196

　　돈 조바니와 억제이론 _ 200

　　헨젤과 그레텔과 일상활동이론 _ 204

　　오페라 외의 미디어 속 범죄학 _ 208

01

서문

오페라에서 찾은 범죄심리

" 오페라에서 범죄의 원인을 찾는다

서 문

범죄학을 통해 오페라 인문학을 배운다

범죄학이란 다양한 사회현상 중의 하나인 '범죄' 문제를 경험과학과 규범학 차원에서 종합적으로 탐구하는 학문이다. 범죄의 복잡한 현상을 과학적으로 관찰하여 그 원인을 밝히고 범죄예방 전략을 제시하는 간이 학문적(Interdisciplinary Study) 성격이 강하다. 현재 범죄로 이미 규정된 불법 행동만 검토하는 것이 아니라, 사회적으로 문제가 될 우려가 있는 특정 현상과 인간의 문제 행동을 범죄 발생 이전에 미리 검토하여 그 발생 원인을 과학적으로 조사하여 효과적인 방지 대책을 마련한다는 실천적, 학문적 의의가 있다.

1963년에 범죄학의 아버지라 불리는 서덜랜드(E. H. Sutherland)는 범죄학이 다루는 범위를 세 가지로 요약하면서, 첫째, 국가가 법을 만드는 과정, 둘째, 개인이 법을 어기는 과정, 그리고 셋째, 범죄문제를 해결하기 위한 대책과 관련된 일련의 복잡한 과정들이 모두 범죄학에 포함된다고 주장하였다.

　범죄학이란 결국 우리가 타인과 관계를 맺고 타인과 함께 생활할 때 경험하게 되는 다양한 갈등 상황을 바탕으로 발전한 학문이고, 많은 범죄학 이론들은 타인과의 오해와 갈등으로 인해 발생하게 되는 좌절, 공격, 분노, 슬픔, 후회, 두려움 등의 부정적 감정, 그리고 타인에 대한 신체적, 심리적 훼손 행동 및 극적인 폭력 상황을 전제로 한다. 즉, 인간이 보이는 문제 행동과 비행 행동을 세심히 관찰하고, 그 행동에 숨은 원인을 탐색하면서 궁극적으로 그 행동과 그 행동이 다시 재발하는 재범을 방지하려는 효과적인 공식적·비공식적 대책을 마련하는 것이 범죄학이라는 학문을 배우는 이론적, 실천적 의미라고 하겠다.

　오페라는 인간이 가진 복잡한 감정과 본능적인 공격성, 그리고 위험한 문제 행동을 가장 극적으로 표현한 종합예술을 말한다. 1597년 이후, 최초의 오페라 '다프네'를 중심으로 유럽에서 연극과 음악을 결합한 새로운 형태의 무대극이 선보이게 되었는데, 아름다운 선율과 아리아, 레치타티보를 통해 인간이 경험하게 되는 다양한 감정들을 격정적인 클래식 음악으로 표현하였다.

　특이한 점은 뮤지컬과 달리 오페라는 가수들이 마이크를 사용하지 않고 자신의 목소리만으로 극장에서 주인공들의 감정을 표현하고, 음악 사이에 배우가 읽어주는 대사 대신 서정적 클래식 음악으로 극적인 이야기 전체를 보여준다는 것이다. 오늘날에도 아름다운 선율과 가수의 목소리만으로 인간이 느끼는 다양한 감정을 무대에서 전달해 내는 오페라는 연기와 무대 장치가 함께 어울려져 인류가 만들어낸 최

고의 종합예술로 평가받고 있다.

시대적, 역사적, 국가적 상황에 따라 오페라는 오페라 세리아와 오페라 부파, 오페라 리릭, 뮤직 드라마, 그리고 오페레타, 뮤지컬 등으로 다양하게 변화되어 왔다. 그러나 여전히 그 밑바탕에는 오랜 세월 전 인류가 탐구해 온 "성숙한 인간상"에 대한 고민이 깔려 있다. 특히, 르네상스 시대의 지혜를 바탕으로 "무엇이 인간다운 것인가"라는 질문 앞에서 인류가 그리스 시대부터 오랫동안 고민해서 발전시킨 전설, 신화, 민화 등의 이야기를 인간의 자기실현 과정으로 발전시킨 것이 바로 오페라 작품들의 기본 줄거리이다.

이런 이유로 오페라는 오늘날에도 여전히 인간이 풀어야 할 '이상적인 인간상'이 무엇인지 고민하게 만드는 속 깊은 줄거리를 많이 담고 있다. 오페라 속 주인공들의 눈물과 사랑, 희생, 기다림, 지혜로움, 고통은 세월이 지나도 그 시대적 배경을 뛰어넘어 많은 사람에게 감동을 주고 있다. 다시 말해 오페라는 서정적인 음악을 통한 감동뿐만 아니라 스토리 전개와 캐릭터 성격 면에서 오랜 세월 우리 인류가 풀지 못한 다양한 인간관계의 갈등, 오해, 두려움, 범죄, 비행 행위, 사회문제 등을 보여줌으로써 다양한 자기 성찰의 기회를 제공하는 인류 경험 유산의 결정체라고 할 수 있다.

이 책에서는 여섯 개의 오페라 작품을 중심으로 가능한 많은 범죄학 이론을 소개하는 데 초점을 두었다. 본 책에서 보여주고 있는 여섯 개의 오페라 작품은 우리 일반인에게 가장 친숙한 오페라이고, 범죄학 이론 역시 학문 내에서 가장 주류에서 속하는 중요한 범죄 원인론을 담고 있다. 작품마다 다양한 등장인물이 나오기에, 사실 일부 작품에는 두 개 이상의 범죄학 이론이 연결되어 있다. 이에 총 범죄학 이론은 여섯 개 이상으로 늘어난다고 볼 수 있다.

고전주의, 실증주의, 과정주의, 비판주의, 그리고 통합주의라는 커다란 범죄 패러다임 속에서 가장 중요하게 다루어지는 개별 이론을 소개했고, 한 작품 내에서 가능한 많은 이론을 담으려고 했기에 처음 범죄학을 접하는 독자에게는 어쩌면 많은 범죄학 내용이 벅차게 느껴질지도 모르겠다. 음악을 즐기고, 주인공들의 심리와 상황을 이해하며 기억나는 몇몇 범죄학 이론이 가진 장단점을 떠올리면서 인간의 행동과 정신 과정을 새로운 시각에서 살펴보는 기쁨을 느꼈으면 한다.

본 책이 선택한 베르디의 '리골레토', 모차르트의 '마술피리', 바그너의 '라인의 황금', 비제의 '카르멘', 푸치니의 '투란도트' 그리고 로시니의 '세비야의 이발사'라는 여섯 개의 오페라 작품은 우리에게 너무나 친숙한 작곡가의 오페라 작품이다. 리골레토와 마술피리, 라인의 황금은 조윤오 교수가 맡고, 카르멘, 투란도트, 세비야의 이발사는 신소라 교수가 집필했다.

개별 작품마다 범죄학의 주류에 속하는 억제이론, 일상활동이론, 일반긴장이론, 발달이론 등 다양한 범죄학 이론을 활용하여 최대한 많은 범죄학 이론을 소개하려고 노력하였다. 작품마다 보는 사람에 따라 다양한 이론을 적용할 수 있기에 범죄학을 적용하는 방식도 경우에 따라 매우 다양할 것이다. 그리고 하나의 작품 속에서 어떤 캐릭터에 초점을 두느냐에 따라 수만 가지의 이론적 분석이 가능해질 것이다. 두 저자의 의견이 부디 복잡한 범죄학 이론의 큰 줄기를 쉽게 이해하는 작은 밑거름이 되고, 범죄학 프로파일링을 활용한 다양한 해석 중 오페라 인문학을 향한 흥미로운 첫 분석이 되길 바란다.

인간은 누구나 세상에 태어나서, 타인과 사랑을 하거나, 혹은 갈등을 경험하게 되고, 그로 인해 상대방에게 고통을 주거나 혹은 자신이 피해자가 되는 경험을 하면서, 기쁨과 슬픔을 영유하다가 일정한 시간이 되면 죽음을 맞이하게 된다. 살면서 마주하게 되는 격한 감정들과 복잡한 일들, 해결할 수 없는 고통들, 그리고 타인과의 갈등 관계, 아무리 노력해도 통제할 수 없는 일련의 불확실한 경험들은 세월이 지나도 우리 인간이 피해갈 수 없는 일인 듯하다.

그렇다면 인간은 이런 경험 속에서 어떻게 타인과 나 자신에게 고통을 주지 않고, 치열하게 '인간다움'을 유지하며 건강하게 일련의 과정들을 헤쳐 나가야 하는 것인가? 이 질문 속에 우리가 범죄학을 배우며 오페라를 감상하는 이유가 있다. 오페라 작품 속에 등장하는 다양한 캐릭터를 심층적으로 살펴보면서 한 인간이 어떤 자유의지를 갖고 어떤 선택을 하는가를 객관적으로 분석해 볼 수 있다. 오페라 감상은 결국 무엇이 '이상적인 인간상'인가를 보여주는 또 다른 답안지를 찾는 과정이기도 하며 결국 우리가 살면서 마주하는 수많은 갈등 상황으로부터 우리를 보호해주는 답이 될 수도 있을 것이다.

시행착오를 통해 진정한 인간으로 거듭나는 시련의 주인공을 보면서 우리는 오페라 속에 감춰진 진정한 인간됨의 의미와 한 개인이 문제 행동을 저지르게 되는 근본적인 원인을 새로운 시각에서 생각해 볼 수 있을 것이다. 범죄학을 배우면서 한 개인이 가진 이성과 의지, 그리고 그 주변 환경이 일으키는 긍정적 혹은 부정적 영향력, 인간의 성숙을 방해하는 국가정책과 사회적 문제점을 오페라 작품 속에서 폭넓게 느낄 수 있는 것이다.

오페라를 감상하며 멋진 음악과 극적인 인간사의 이야기를 맘껏 즐긴 후, 마지막 오페라 음악이 끝난 후 잠시 무엇이 '전인적(全人的)인 인간'인지 눈을 감고 생각해 보는 기회를 가졌으면 한다. 인문적인 소양과 함께 합리적인 사유능력을 가진 자신의 모습을 들여다볼 수 있고, 범죄학에서 말하는 '범죄·비행 행동에 대한 과학적 아이디어'를 활용하여 극장에서 만났던 주인공과는 다른 새로운 오페라 주인공들을 만날 수 있을 것이다.

같은 작품과 같은 음악을 듣고도 개개인이 느끼는 감정은 수만 가지 색깔을 가지고 있고 그 내용도 모두 다르다. 범죄학 이론을 바탕으로 본인이 느끼는 감정을 솔직하게 들여다보고, 많은 범죄학 이론으로 얼마나 다양한 해석이 가능한지 통찰해 보는 기회가 생겼으면 정말 감사하겠다.

이 책을 읽는 독자들이 범죄학이나 경찰학을 전공하는 학자가 아니더라도 타인과의 갈등 상황에 직면했을 때 여섯 작품 속의 아름다운 아리아를 떠올리며 자기성찰의 여유를 갖고, 잠재적 가해자와 잠재적 피해자의 입장을 범죄학적 입장에서 통합적으로 생각하기를 바란다.

우리가 이제 만나게 될 베르디의 '리골레토', 모차르트의 '마술피리', 바그너의 '라인의 황금', 비제의 '카르멘', 푸치니의 '투란도트' 그리고 로시니의 '세비야의 이발사'라는 이 여섯 작품은 독자의 삶에서 가장 현명한 지혜의 선택을 하게 만드는 예술 작품으로 기억될 것이다.

2018년 8월 여름
남산 동국대에서 조윤오.

02

리골레토

Rigoletto

"Women are as fickle
as feathers in the wind
simple in speech,
and simple in mind."

"꼽추 광대 리골레토의 비극적 삶

리골레토

리골레토 오페라 이야기

'리골레토'만큼 잔인하고 슬픈 비극적 오페라가 또 있을까? 원작 빅토르 위고의 희곡 "일락의 왕"을 바탕으로 한 베르디의 리골레토는 "여자의 마음" 등 발랄하고 친숙한 오페라 선율을 많이 들려주고 있지만, 실제 줄거리 면에서는 끔찍하고 잔인한 악당 캐릭터를 가장 많이 가진 비극의 오페라이다. 오페라 속에는 여성에 대한 추행, 강간, 납치, 감금, 살인교사 등 끔찍한 범죄 행위가 등장한다.

이와 함께 리골레토는 사회 변화와 계급 사회의 문제점을 가장 신랄하게 비판한 사회 개혁적 성격이 강해, 거시적 차원에서 당시 사회의 형벌 시스템과 계급 사회의 모순에 대해 생각하게 만드는 진지한 사회문제 고발형 작품이기도 하다.

주세페 베르디(Giuseppe Verdi, 1813~1901)는 프랑스 대문호 빅토르 위고가 쓴 "일락의 왕"에서 아이디어를 얻은 후, 피아베(F. M. Piave)의 대본에 아름다운 곡을 불어 넣어 리
골레토라는 대작을 완성했다.
당시 시대적 배경을 보면 빅
토르 위고의 원작이 방탕한
행동을 일삼는 16세기 프랑
스 국왕 프랑스와 1세를 비
판하기 위해 만들어진 것이
기에, "저주"라는 제목의 오페라가 나오는 것은 오스트리아 당국의 검열
에서 "상영금지" 판정을 받을 수밖에 없는 상황이었다.

실제 빅토르 위고의 원작은 1831년 프랑스에서 연극으로 극장에 올
랐을 때 신분 사회 시스템에 대한 신랄한 비판이라는 평가를 받으면서
큰 사회적 논쟁과 계층 간의 갈등을 불러일으켰다. 심지어 도서의 출간
이 귀족 계층과 평민 간의 직접적인 물리적 충돌과 싸움을 야기하기도
했다. 이에 베르디와 피아베는 원작의 내용을 오페라로 만들어 새롭게
극장에 올리기 위해 작품의 배경으로 이탈리아 북부의 만토바(Mantova)라
는 작은 공국을 대신 선택해 프랑스 왕을 직접적으로 폄하한다는 지도
층의 우려를 피하려고 했다.

본 작품에서 가장 먼저 기억해야 하는 것은 '범죄의 상대성(Relativity of
Crime)'이다. 바람둥이 만토바 공작과 범죄 행동을 함께 저질러 온 꼽추
리골레토의 상황을 보면, 리골레토와 딸 질다가 만토바 공작에 의한 만
행의 범죄 피해자가 된 것은 어쩌면 어느 정도 예견된 일처럼 보인다.
사실, 가해자와 피해자가 많은 사건에서는 상대방을 자극하는 문제 행
동을 한다. 그리고 완벽하게 순수한 피해자는 존재하지 않는 것이 사실
이다. 때로는 보는 관점에 따라 가해자와 피해자 중 누가 더 상대방을
초기에 자극했는지 판단하기 어려울 때도 있고, 더 나쁜 사람이 누구인
지 도덕적으로 비난하기 어려울 때도 있다.

따라서 범죄의 상대성 차원에서 보면 리골레토 작품에 나오는 등장인물 중에 여성을 농락하는 상류층 공작과 살인을 교사한 꼽추 광대 리골레토 중 누가 더 '악한 인간'인지 판단하기 어려워 보인다. 주인공이 속한 시대적 상황과 범죄가 발생한 공간, 그리고 역사적, 문화적 가치 판단 및 피해의 심각성, 가해자 및 피해자의 개별 특성에 따라 범죄의 심각성에 대한 판단은 상대적으로 이루어질 수밖에 없다.

범죄라는 행위가 동기화된 범죄자와 취약한 피해자, 그리고 피해자를 지켜주는 보호자의 부재라는 환경적 요소가 결합하여 발생하기에, "범죄의 상대성"과 "고전주의 범죄학"의 기본 개념을 기억하며 본 작품을 감상하면 좋겠다.

1막 악행을 저지르는 꼽추 광대의 착한 딸

초연은 1851년 3월 이탈리아 베네치아 페니체 극장이었는데, 그 작품의 시대적 배경을 보면 16세기 이탈리아로 1막에서부터 당시의 계급 사회를 풍자하기 위한 것임이 분명하다. 오페라는 만토바 공작이 남편 체프리노 백작 앞에서 유부녀인 백작의 부인을 유혹하고, 몬테로네 백작의 딸까지 농락하는 것으로 시작된다. 당시 계급 사회의 최상위층이 어떤 악랄한 악마 같은 행동을 하고, 아무런 처벌도 없이 심각한 악행을 반복해서 사람들을 괴롭히는지 쉽게 짐작할 수 있는 대목이다.

몬테로네 백작은 자신의 딸이 당한 고통에 분을 참지 못해 복수를 하려고 했으나, 공작의 하수인과 꼽추 리골레토의 방해와 조소로 강제로 끌려 나가게 된다. 주인공 리골레토는 외모도 흉한 꼽추에 하는 행동이나 말이 잔인하고 악랄하다. 주인공 리골레토를 보면 그 흉한 외모와 비열한 행동 때문에 만토바 공작과 한패로 보이고, 처음 1막에서는 리골레토에게 연민의 정을 느끼지 않게 된다.

그러나 리골레토에게 남몰래 숨겨둔 아름다운 어린 딸 "질다"가 있고, 꼽추 리골레토가 질다에게 좋은 아빠가 되기 위해 나름대로 최선을 다하고 있다는 것을 보게 되면 새로운 눈으로 꼽추 광대 리골레토를 바라보게 된다.

특히, 1막에서 분함을 식히지 못한 피해자 몬테로네 백작이 리골레토에게 '저주'를 내리는 말을 듣게 되면, 리골레토에게 닥칠 무서운 일이 예견되어 리골레토의 상황이 걱정되기도 한다. 리골레토라는 캐릭터에 조금씩 감정이입을 하게 되다가 "너도 언젠가는 자식의 고통과 슬픔으로 가슴 아파하는 아버지의 노여움을 알게 될 것이다"라는 구체적 내용의 저주를 들으면, 얼마나 무서운 일이 꼽추 리골레토에게 닥치게 될지 2막, 3막에서의 이야기가 하나의 스릴러 공포물처럼 무섭게 다가온다.[1]

1막에는 만행을 일삼는 만토바 공작 외에도 아주 잠깐 청부 살인을 직업으로 하는 악인 '스파라푸칠레'가 새로운 등장인물로 나온다. 리골레토에게 자신은 적을 감쪽같이 없애주는 전문 자객이라고 소개하는 스파라푸칠레는 이후 본 작품이 결국 살인이라는 끔찍한 범죄와 연결되어 있음을 보여주는 또 하나의 곡선이 된다.

꼽추 리골레토가 세상에서 가장 사랑하는 어린 딸 질다가 사악한 만토바 공작의 속삭임에 빠져 흔들리는 모습을 보이기 시작하면서, 이 작품은 유괴, 강간, 살인, 잔인한 복수 등의 흉악 범죄와 연결된다.

사실은 체프리노 백작이 리골레토에게 복수하려고 질다를 납치한 것인데, 체프리노 백작과 공작 패거리들은 처음에는 질다가 리골레토의 애인이라고 생각해서 리골레토를 골려주려고 납치를 계획했던 것이었다. 리골레토의 눈을 가리고, 장난하는 척하며 질다

---

1 오페라의 비극적 전개가 곡선으로 깔리게 되는 부분이 바로 1막인데, 사실 베르디는 이 작품의 제목을 리골레토 대신 "저주(La Maledizione)"라고 불렀다. 그러나 당시의 시대적 상황이 하류층 신분에 있는 사람이 상류층에게 보복을 가하거나 벌을 내리는 것을 절대 허락하지 않았기에 "저주"라는 제목이 적절하지 않은 것으로 평가를 받아 베르디는 어쩔 수 없이 오페라 초연을 앞두고 주인공의 이름 "리골레토"를 따서 오페라의 제목을 저주 대신 리골레토로 바꾸었다.

를 납치해 갔는데, 나중에서야 질다가 리골레토가 가장 아끼는 딸이라는 것을 알게 된다. 결과적으로 보면, 만토바 일당이 자신들의 공범인 리골레토를 또 다른 범죄피해 대상으로 삼아 체프라노 백작과 일당이 딸 질다를 납치, 강간하게 만드는 엄청난 범죄를 저질렀다고 하겠다.

2막 분노에 찬 아버지 리골레토의 복수

만토바 일당은 리골레토의 애인을 몰래 유괴했다고 좋아했으나, 나중에 공작이 그 애인이 질다이고 리골레토의 하나뿐인 딸이라는 것을 알고 놀라게 된다. 그러나 조금도 미안해하지 않고 당당해 하는 잔인한 만토바 공작과 그 일당을 보며 리골레토는 딸의 상처와 고통에 피를 토하는 절규를 한다.

PULCINELLA ON COLUMBINE'S GRAVE.

그리고 몬테로네 백작의 저주를 들으면서, 그 저주가 자신에게 내렸음을 직접 실감하게 된다. 공작의 배신과 딸의 고통을 보면서 자신이 가진 모든 것을 잃었다고 생각한 리골레토는 결국 공작에게 복수하겠다고 다짐한다.

공작과 함께 비행 행동과 범죄를 저지르던 리골레토가 자신의 딸이 범죄피해자가 되자, 공범들을 상대로 잔인한 범죄를 저지르기로 결심하게 된 것이다. 즉, 피해자-가해자 중첩현상(Offender-Victim Overlapping)이 발생했다고 볼 수 있다(Brown, et al., 2014). 주로 비행청소년 사이에서 많이 일어나는 현상으로 시간의 흐름에 따라 피해자였던 상대방이 가해자가 되기도 하고, 가해자였던 범죄자가 이후 범죄피해자가 되어 그 둘이 서로 강하게 중첩되어 동시에 가해-피해 현상이 발생할 수 있음을 의미한다. 일반적인 범죄 유발 요인과는 중첩 발생 요인이 상이할 수 있고, 특정 집단에 중첩이 더 많이 발생하는 것으로 나타난다(Reingle, 2014).[2]

하류층에 속한 장애인으로서 돈도, 힘도 없이 꼽추 광대로 힘겹게 세상을 살아온 리골레토는 오직 딸 질다의 행복만을 위해 살아왔다. 딸 질다는 그가 가진 모든 것이었고, 인생을 살아가야 할 이유였다. 그런 질다가 만토바 공작으로 인해 납치, 강간 피해를 당해 눈물을 흘리며 통곡을 하고, 리골레토는 아버지로서 너무 큰 고통을 느낀다. 리골레토는 너무 억울한 나머지 만토바 공작에게 자신이 당한 고통을 그대로 돌려주겠다는 무서운 복수를 결심하게 된다.

3막 이상적인 권선징악 대신 비극적인 현실을 보여주겠다!

보통 많은 오페라에서는 악인이 벌을 받고, 선한 행동을 하는 주인공이 마지막에 복을 얻어 권선징악의 형태로 끝을 맺게 된다. 그리고 복잡한 오해 관계가 해소되면서 억울했던 주인공이 갈등을 해결하는 해피엔딩으로 오페라가 막을 내리는 경우가 많다.

---

2 Reingle, J. M. (2014). Victim-offender overlap. In J. M. Miller (Ed.), The encyclopedia of theoretical criminology (pp. 911~914). London, UK: Wiley, https://doi.org/10.1002/9781118517390.wbetc139.

그러나 리골레토는 이상적인 결말보다는 잔인한 현실로 그 끝을 맺게 된다. 하류층에 속했던 리골레토가 복수를 위해 할 수 있는 것은 상류층 만토바 공작을 죽일 능력이 있는 스파라푸칠레라는 청부살인업자를 찾아가는 것뿐이었다.

　　여기에서 제일 신기한 것은 딸 질다의 반응이다. 공작을 죽이고 아버지와 함께 멀리 떠나자는 리골레토의 제안에 질다는 '자신의 연인'인 만토바 공작을 용서해 달라고 아버지 리골레토에게 간곡하게 부탁한다. 그 유명한 곡 "여자의 마음"을 부르며 신나게 또 다른 여자를 쫓아다니고 있는 바람둥이 공작을 본 후에도 질다는 자신의 사랑을 용서해 달라고 아버지에게 간청하는 것이다. 여기에서 진정한 사랑이 무엇인지 다시 한번 생각하게 되고, 자신에게 고통을 준 가해자에 대해 왜 질다가 계속 용서를 하게 되는지 의문이 들기 시작한다. 리골레토의 딸 질다는 공작을 구하기 위한다기보다는 오히려 힘든 세상에서 자신을 포기하는 심정으로 사랑을 맹목적으로 믿고, 죽음을 결심한 것인가?

　　어쩌면 리골레토의 딸 질다의 반응을 놓고 "매 맞는 여성 증후군(Battered Women Syndrome)"이나 "스톡홀름 신드롬(Stockholm Syndrome)"을 생각하게 될지 모른다.[3] 주변에 친구도 없이 리골레토의 과보호 속에서 오랜 시간 혼자 지내 온 질다는 가장 취약한 피해자로서의

....

3 스톡홀름 증후군은 1973년 스톡홀름 은행 강도 사건에서 나타난 강도 인질범들의 비이성적인 심리 상태를 지칭하는 말이다. 자신에게 고통을 가하고, 극도의 불안감을 갖게 만들었던 강도범들에게 6일 동안 감금되어 있었음에도 불구하고 피해자들이 경찰에 의해 구출된 후에 폭력을 가했던 범죄자들과 동질감을 느끼고 긍정적인 감정을 보이게 된 것을 가리켜 스톡홀름 증후군이라고 한다.

지위(Vulnerability)를 가지고 있었다. 그로 인해 자신이 믿었던 공작의 배신 행위와 폭력에 대해서도 학습된 무기력(Learned Helplessness)을 보이고, 적극적으로 위험한 관계를 단절하기 보다는 그 이후의 삶을 두려워해 현실을 받아들이는 것을 기피하고 새로운 삶의 변화를 거부했는지도 모른다.[4]

결과적으로 오페라 리골레토는 공작에게 배신당한 질다와 새로운 사랑을 속삭이는 만토바 공작과 새로운 공작의 여인 마달레나, 그리고 복수를 준비하는 리골레토 네 명의 갈등과 오해, 모략으로 또 다른 비극을 향해 달려간다.

리골레토는 청부 살인을 하는 스파라푸칠레에게 돈을 주며 공작을 죽여 달라고 부탁했으나, 사실 스파라부칠레의 여동생이 바로 공작과 새로 사랑을 속삭이는 새 여자친구 마달레나였기에 청부 살인이 처음부터 불가능한 상황이었다. 이를 전혀 모르는 리골레토는 자신이 가진 돈을 청부 살인자에게 주며 공작을 죽여 달라고 스파라부칠레에게 부탁하고, 복수 후에 딸 질다와 배를 타고 공국을 몰래 빠져나갈 준비를 한다.

무슨 악연인지 살인 청부를 받은 스파라푸칠레는 여동생 마달레나에게 설득되어 공작을 죽이는 대신, 방에 들어오는 첫 사람을 죽인 후, 그 시체를 리골레토에게 가짜로 보여주기로 계획한다. 리골레토에게 돈을 받았으니, 거짓 시체라도 주며 약속을 지켜야겠

---

4 학습된 무기력이란 반복적인 학대 상황, 고통의 직면으로 인해 환경이 바뀌었을 때도 적극적으로 고통을 회피하는 긍정적 행동을 하지 못하게 되는 심리적 상태를 의미한다 (Carlson, Neil R. (2010). Psychology the science of behavior. Pearson Canada. p. 409.

다고 생각한 것이다. 스파라푸칠레와 마달레나의 음모를 듣고 난 후, 질다는 사랑하는 공작을 죽음으로부터 보호하기 위해 일부러 자신이 방에 들어가는 첫 사람이 되기로 결심한다. 불쌍한 질다는 거짓과 책략이 난무하는 험한 세상에 공작의 꾐으로 강제로 세상에 끌려 나오게 된 후, 자신이 믿었던 공작의 실체를 믿지 않고 사랑을 끝까지 믿으며 상대방의 잔인한 배신에 괴로워하다가 스스로 목숨을 포기하는 비극적 삶을 선택한 것이다.

이런 사실을 전혀 알지 못하는 꼽추 리골레토는 자신이 계획한 살인교사가 성공했다가 믿고, 질다와 함께 몰래 배를 타고 공국을 빠져나갈 준비를 한다. 스파라푸칠레가 시체 자루를 넘기며 살인에 성공했다고 말할 때까지도 리골레토는 자신의 복수가 성공한 것으로 생각하며 회심의 미소를 보인다. 그러나 어디에선가 공작이 부르는 "여자의 마음" 멜로디가 울려 퍼지게 되자, 무언가 잘못되었음을 감지하고 시체가 질다가 아니길 간절히 바라게 된다. 슬프게도 오페라 리골레토는 결국 딸을 잃은 아버지의 피 끓는 절절한 절규로 그 막을 내리게 된다.

오페라 속 범죄학

범죄의 상대성

리골레토는 딸은 잃은 한 아버지의 슬프고 비극적인 이야기를 보여주고 있다. 또한 당시 계급 사회가 가진 모순과 상류층들의 만행을 신랄하게 비판하는 작품이기에 못된 짓을 저지르고도 처벌받지 않는 악한 군주와 귀족들의 만행을 공개적으로 고발한 혁신적 성격의 오페라 작품이다. 즉 오페라 리골레토는 한 꼽추 광대 개인의 억울한 가족사이면서 동시에 사회 개혁을 요구하는 급진적 성격의 사회비판적 작품이기도 하다.

하지만 오페라를 감상한 후 거시적 차원의 사회 혁신 문제보다는 개인적으로 딸 질다를 잃은 평범한 한 아버지의 고통과 슬픔이 더 크게 느껴진다. 아버지의 좌절과 분노, 후회, 비통함을 보고 그 어떤 말로도 광대 리골레토를 위로할 수 없음을 알게 된다. 오페라의 막이 내려갈 때는 관객 역시 끝없는 리골레토의 절망감을 공유하게 되어 리골레토를 위로하고 싶어지게 될 것이다.

그러나 만약 꼽추 리골레토가 바람둥이 강간범 공작을 상대로 살인

교사와 같은 잔인한 복수를 준비하지 않았다면 어떤 결말을 갖게 되었을까? 끔찍한 살인교사 대신 용서를 택했다면? 딸 질다가 다른 선택을 했다면, 딸과 함께 다른 곳에서 행복하게 살지 않았을까? 더 나아가 만약 처음부터 리골레토가 공작과 한패가 되어서 나쁜 짓을 저지르고 살지 않았다면, 리골레토의 딸 질다는 어떤 삶을 살았을까? 도대체 어디에서부터 이 비극의 시작이 씨앗을 맺게 된 것일까? 꼬리에 꼬리를 물고 리골레토의 상황이 답답한 질문을 계속 쌓아 놓는다.

이런 절망적인 상황 앞에서 일부 관객들은 주인공 리골레토를 분석하는데 다소 혼란스러운 양가감정을 갖게 될지도 모르겠다. 누군가에게는 주인공 리골레토의 모습이 공작에게 일방적으로 피해를 당한 '순수한 피해자'로 보이지 않기에 리골레토가 당한 '저주'가 조금은 당연한 것으로 보일수도 있다.

이런 맥락에서 범죄의 상대성은 범죄를 '얼마나 나쁜 행동으로 평가할 것인가'와 관련된 문제라고 말할 수 있다. 주관적으로 범죄의 중대성에 대한 평가는 모든 개인이 각각 다르게 가질 수 있다. 달리 말하면 리골레토가 한 복수 행동, 즉 살인교사에 대해서 혹자는 어느 정도 아주 조금은 "이해가 된다"는 반응을 보일 수 있다. 반면에 어떤 사람은 절대로 용납할 수 없다는 극단적인 평가도 가능할 것이다. 하류층에 속한 광대로서 어렵게 딸을 키우는 상황이었지만, 왜 공작과 함께 젊은 여성을 상대로 사악한 범죄와 추행을 저질렀는지를 생각해 봐야 한다.

일찍이 에밀 뒤르켐(Emile Durkheim)은 범죄의 긍정적 기능을 주장하며, 범죄를 통해 사회 구성원이 무엇이 잘못된 행동인지 더욱 명확히 이해할 수 있고, 나쁜 것과 좋은 것을 구분 지어 판단할 수 있는 바람직한 기회를 갖게 만든다고 주장하였다. 자신에게 주어진 이러한 불운한 상황 속에서 리골레토는 마침내 과거에 자신이 한 어리석은 행동이 얼마나 큰 범죄였는지를 뼛속 깊이 느끼게 되었다. 이런 맥락에서 범죄의 상대성은 그 해악 및 심각성을 판단하는 잣대가 사람에 따라 자신이 처한 상황과 주변 맥락에 따라 주관적으로 바뀔 수 있고, 다양한 기준을 통해 그 범죄의 심각성이 상대적으로 다르게 평가될 수 있음을 뜻한다(Brown, et al., 2014).

첫째, 범죄의 심각성을 판단할 때 가장 중요한 기준으로 작용하는 것은 범죄로 인해 발생한 결과적 "폐해 차원의 중대성"이다. 쉽게 말해 범죄피해가 발생한 객관적 손실을 따져서 그 중대성을 평가한다는 것이다. 일반적으로 생명, 신체에 대한 침해가 상대적으로 재산, 재물상의 침해보다 그 범죄 심각성이 크다고 말할 수 있다. 생명에 대한 침해는 원상회복이 불가능하기 때문이다. 물론 '얼마나 많은 사람이 고통을 받았는가'와 '얼마나 큰 피해 액수가 발생했는가'를 기준으로 해서 범죄 심각성도 상대적으로 산정할 수 있을 것이다.

둘째, 범죄의 상대성 판단에서는 "피해자의 특성"을 기준으로 해서 그 심각성을 사안마다 다르게 평가할 수 있다. 같은 강간 행위라고 할 때도 피해자가 누구인지에 따라 그 피해 중대성이 다른 것이다. 예를 들면, 친자식을 상대로 한 성범죄자와 어린 아동을 상대로 범죄를 저지른 경우 그 범죄 심각성이 더 크다고 하겠다. 여성, 장애인, 노인 등 사회적 약자를 대상으로 한 범죄는 양형에서 더 중대하게 처벌할 필요가 있다.

셋째, 범죄의 심각성 판단은 한 사회가 가진 "시대적, 상황적 가치판단"의 잣대를 바탕으로 한다. 특정 종교에 대한 신념과 사회 구성원의 가치관이 반영된 행동에는 더욱 강력한 메시지를 부여하여 그에 부합하지 않는 행동에 대해서는 엄하게 처벌하는 것이다. 특히, 범죄의 심각성은 한 사회 속 지도층이 가진 신념과 가치관에 따라 다양하게 평가될 수 있다. 2018년 6월 사우디아라비아에서 처음으로 왕실의 개혁 운동으로 여성이 자동차 운전대를 잡을 수 있게 되었는데, 그 이전에는 이것이 불법 행동이었다. 여전히 일부 국가는 '여성 후견인 법'에 의거하여, 남성 후견인이 없이는 여성이 혼자 은행 통장을 개설할 수 없는 상황에 있기도 하다.[5]

넷째, 범죄의 상대성은 "가해자가 가진 개별 특성"에 의해서도 사안에 따라 다양하게 평가받을 수 있다. 범죄를 저지른 가해자가 어떤 정신상태에 있었고, 어떤 인구사회학적인 특성이 있느냐에 따라 처벌의 양형이 달라질 수 있다(Brown, et al., 2014).

특히, 피해자와 가해자가 과거에 어떤 관계를 맺고 있느냐에 따라 범죄의 심각성 판단이 달라질 수 있다. 예를 들면, 리골레토가 살인을 교사하는 행동에 대해 딸이 받은 범죄피해를 정정당당하게 구제받을 수 없다는 당시 계급 사회의 특수성으로 인해 일부의 사람들은 어느 정도 리골레토가 저지른 범죄가 상대적으로 상류층에 속하는 공작이 저지른 범죄보다 그 심각성이 낮다고 평가할지도 모른다. 달리 말하면, 지도층에 속하는 상류층들의 비리 행위가 더 큰 파장을 불러일으키기에 성공수단이 낮은 하류층의 범죄보다 더 엄하게 처벌받아야 한다는 믿음을 가질 수 있다. 그것은 범죄의 심각성을 평가할 때 "가해자의 특성"을 중요시 한 판단이라고 볼 수 있다.

----

5 미국의 경우 마리화나 흡연이 1930년대 많은 주에서 불법 행동으로 평가받았다. 심지어 1920~1933년까지 알코올 소비 역시 불법 음주 행동으로 처벌받았다. 1960년대와 70년대는 미국에서 다소 관대한 분위기로 마리화나를 단속하다가 2003년에 마약과의 전쟁을 선포하며 다시 심각한 범죄로 마리화나를 처벌하며 강경 대응하는 분위기가 만들어졌다. 이후 2004년에 스테로이드 법안을 제정하면서 마리화나보다 스테로이드 남용을 더 심각한 범죄로 엄격하게 처벌하는 분위기가 만들어졌다.

고전주의 범죄학

고전주의 범죄학은 인간의 합리
성을 바탕으로 한 범죄이론이다. 중
세시대에는 범죄 행위가 발생했을
때, 범죄 피해자 개인과 가족 전체
에 대한 공격 및 재산상의 침해가
일어났다고 간주해 범죄자에 대한
처벌을 일종의 가문 간의 정당한 보
복(Blood Feud) 행위로 생각했다.

그러나 계몽주의 시대로 접어들면
서 범죄는 무조건적인 복수가 아니라
한 인간의 합리성(Rationality)과 공리주
의(Utilitarianism)를 바탕으로 한 처벌과 재범방지, 그리고 억제(Deterrence)와
연관되어야 한다는 생각을 하게 되었다(Brown, et al., 2014).

다시 말해 종교적 입장에서 고문이 당연시되던 중세시대의 "초자연
주의"적 범죄관이 18세기 계몽주의를 시작으로 범죄의 원인은 합리적
선택이 가능한 인간이 고른 수많은 행동 중의 하나라는 인식을 하게 된
것이다. 형벌을 통해 인간의 미래 행동을 통제할 수 있고, 인간의 자유의
지와 합리성을 이용해 범죄를 억제할 수 있다는 신념이 형사정책에 스며
들었다.

특히, 1764년 베카리아가 발표한 "범죄와 형벌"이라는 책에서 죄형법
정주의의 필요성이 언급되면서, 모든 인간은 쾌락을 극대화하고 잠재적
고통을 최소화하려는 본능이 있고, 자유의지를 통해 합리적 선택을 할 수
있다는 사조가 하나의 큰 철학으로 범죄학과 교정학에 영향을 미치기 시
작했다. 즉, 형사정책 시스템 내에서 형벌 목적이 응보(Retribution)와 무능화

(Incapacitation), 억제(Deterrence), 사회복귀(Rehabilitation)로 변화·발전되기 시작한 것이 바로 고전주의 범죄학을 시작으로 했다고 하겠다(Brown, et al., 2014). 네 가지 형벌 목적을 시대 흐름에 따라 요약해 보면 다음과 같다.

첫째, 응보는 고대 함무라비 법전 때부터 전해내려 온 사상으로 한 사람이 저지른 범죄 행위는 마땅히 그 가해자가 저지른 불법 행동 차원에서 처벌받아야 한다는 단순한 정의 관념을 말한다. 나쁜 짓을 한 것에 대해 가해자도 피해자와 비슷하게 고통을 받아야 피해자에 대한 죄책감을 씻을 수 있고, 그것이 곧 정의가 실현되는 길이라고 판단한 것이다.

둘째, 무능화는 처벌의 목적이 구금을 통해 일정 기간 특정인의 범죄가 일어나지 못하도록 만드는 데 있다고 본다. 태형이나 생명형을 지양하고, "구금"을 통해 사회에서 잠재적 범죄자가 재범을 하지 못하도록 물리적으로 고립시키는 전략을 쓰겠다는 것이다. 과학적 분류 체계 및 위험성 사정·평가 도구를 개발하고, 그것을 전제로 해서 고위험 범죄자를 선발하는 선택적 무능화 전략이 지금도 범죄학에서 중요한 형벌 방식으로 활용되고 있다(Brown, et al., 2014).

셋째, 억제는 공리주의 입장에서 범죄자가 저지른 과거의 행동 자체보다는 향후 장래에 발생할 다수의 이익에 초점을 두어 처벌 수위를 결정한다는 것이다. 범죄 심각성에 상응하는 처벌 수위를 내려야 하지만, 어디까지나 한 개인이 가지고 있는 합리적인 판단을 전제로 향후 재범이 발생하지 않도록 하는 데 처벌의 목적이 있다고 본다. 따라서 잠재적 범죄자들이 처벌 수위를 보고, 범죄 행동 생각 자체를 처음부터 포기하도록 만들어야 하고, 특별 억제를 통해 이미 범죄를 저지른 사람도 재범을 스스로 포기하게 만드는 것이 형벌의 목적이다.

넷째, 사회복귀는 처벌의 목적이 철저히 가해자의 범죄 동기를 변화시키고, 문제 행동을 수정하는 데 있다고 본다. 과거에 저지른 잘못된 행동에 대한 비판보다는 문제의 원인을 밝혀 그 근본적 해결방안을 찾음으로써 범죄자의 사회복귀를 도모하는데 처벌의 의의가 있다. 의료모델(Medical Model)과 같은 비정기형 처벌도 사회복귀와 연관되어 있다고 볼 수 있다.

이러한 형벌 목적의 변화 및 다양화는 합리적 인간관을 바탕으로 한 "고전주의 범죄학"의 대두와 밀접히 관련되어 있다. 특히, 형벌의 목적 중 "억제"를 주장하는 범죄학 학자들은 처벌의 엄격성(Severity), 확실성(Certainty), 신속성(Celerity)을 지적하며 이 세 가지 요소가 고전주의 범죄학의 핵심 개념이라고 보았다(Brown, et al., 2014). 즉, 인간이 가진 쾌락추구성과 합리성은 처벌의 엄격성과 확실성, 신속성이 전제되어 있을 때 범죄 행동을 억제시킬 요인이 된다고 볼 수 있다. 중세시대 법 체계가 가진 상류층들의 임의적이고 재량적인 처벌 방식은 범죄자의 재범을 억제하는 데 효과가 없다고 본 것이다.

오페라 리골레토를 봤을 때, 당시의 형사사법 체계가 신분 계급에 따라 불공평하게 적용되고 상류층들의 범죄에 대해서는 제대로 처벌의 엄격성과 신속성, 확실성이 나타나지 않았던 것으로 볼 수 있다. 만토바 공작의 악랄한 행위가 젊은 여성과 유부녀에게까지 계속되는 것은 처벌을 통한 특별 억제 효과가 작동하지 않았기 때문이다.

오페라 속 범죄유형

청부 살인

오페라 리골레토에서는 꼽추 주인공이 딸이 당한 배신과 능멸을 되갚기 위해 청부 살인업자를 고용해 만토바 공작을 살해할 계획을 꾸미게 된다. 즉, 전문 킬러를 이용해 청부 살인을 교사한 것이다.

우리 법은 살해를 지시한 사람도 "살인 교사죄"에 의하여 살인 정범과 동일한 살인 죄로 강하게 처벌된다. 교사한다는 것은 부 추기거나 꾀어서 나쁜 짓을 하게 하는 것으로 청부 살인은 살인교사죄에 해당하게 된다. 살인범과 교사범 사이에 경제적인 거래가 있어야만 성립하는 것은 아니다.

> **형법**
>
> 제31조【교사범】① 타인을 교사하여 죄를 범하게 한 자는 죄를 실행한 자와 동일한 형으로 처벌한다.
> ② 교사를 받은 자가 범죄의 실행을 승낙하고 실행의 착수에 이르지 아니한 때에는 교사자와 피교사자를 음모 또는 예비에 준하여 처벌한다.
> ③ 교사를 받은 자가 범죄의 실행을 승낙하지 아니한 때에도 교사자에 대하여는 전항과 같다.

최근 필리핀에서 우리 자국민을 대상으로 한 청부 살인 범죄 피해가 증가하는 가운데, 국내에서도 2017년 유명 여배우의 남편이 거액의 재산 상속문제로 청부 살인 피해를 당하는 사건이 일어났다.[6] 살인교사의 경우, 살인을 저지른 주범이 검거되지 않으면 그 배후가 쉽게 파악되지 않아 처벌 자체가 어려워질 수 있다.

피해자－가해자 중첩이 일어나는 경우, 특히 오랜 시간 피해자로서 고통을 받았던 사람은 자신의 약한 지위를 극복하고 이후 범행 발각을 피하기 위해 청부 살인이나 살인교사, 방조를 통해 복수를 저지르는 경우가 있다. 따라서 피해자가 가진 부정적 감정을 초기에 잘 치유할 수 있도록 "피해자학" 차원에서 체계적으로 피해자를 지원, 보호해 주는 시스템을 개발하고, 관련 연구를 장기적으로 진행할 필요가 크다.

----

6 http://news.hankyung.com/article/2017092530671 한국경제신문 최종확인 2018년 7월 10일.

납치·유괴

리골레토에서 만토바 공작은
질다를 방에 가둬두고 유괴한
후에도 계속 감금하는 범죄를
저지른다. 형법 제287조(미성년자
의 약취, 유인)에 의거하여, 미성년
자를 약취 또는 유인한 사람은
10년 이하의 징역에 처해진다.

또한, 특정범죄 가중처벌 등의 법률 제5조의2(약취·유인죄의 가중처벌)에
의거하여, ① 13세 미만의 미성년자에 대하여 형법 제287조의 죄를 범
한 사람은 그 약취(略取) 또는 유인(誘引)의 목적에 따라 가중 처벌된다.

첫째, 약취 또는 유인한 미성년자의 부모나 그 밖에 그 미성년자의
안전을 염려하는 사람의 우려를 이용하여 재물이나 재산상의 이익을 취
득할 목적인 경우에는 무기 또는 5년 이상의 징역에 처한다. 둘째, 약취
또는 유인한 미성년자를 살해할 목적인 경우에는 사형, 무기 또는 7년
이상의 징역에 처한다.

그리고 ③ 제1항 또는 제2항의 죄를 범한 사람을 방조(幇助)하여 약취
또는 유인된 미성년자를 은닉하거나 그 밖의 방법으로 귀가하지 못하게
한 사람은 5년 이상의 유기징역에 처한다.

미성년자의 경우, 낯선 사람의 부탁을 받았을 때 제대로 거절하지 못
하고 '착한 아이'라는 인정을 받기 위해 쉽게 범죄 피해의 대상이 되는
경우가 많다. 무조건 모르는 사람, 무서운 사람, 낯선 사람을 따라가지
말라고 추상적으로 가르치기보다는 아이들에게 구체적으로 어떤 상황에
서 어른들에게 자신의 의사를 표출해야 하는지 역할연습 등을 통해 정
확히 가르쳐야 할 것이다. 평범한 얼굴을 가진 어른들도 때로는 위험한

납치 유괴범이 될 수 있음을 인식시키고, 상대방의 외모나 말투에 상관없이 '어른'들의 부탁을 쉽게 거절할 수 있음을 교육해야 한다.[7] 아이들이 인식하는 타인, 낯선 사람에 대한 개념이 실제 상황과는 많이 다르다는 것을 이해하고, 보호자는 아이들의 눈높이에서 현실성 있는 피해 예방 교육을 실시해야 할 것이다.[8]

리골레토의 아름다운 딸 질다가 "미성년자"였는지는 정확히 알 수 없다. 당시의 미성년자를 몇 살로 정의해야 하는지도 알 수 없다. 그러나 학생으로 변장한 공작을 만나고 너무나 쉽게 공작의 거짓 사랑과 꾐에 빠져 자신의 마음을 내준 후, 공작을 그리워하는 태도를 보면, 타인의 말을 쉽게 믿어버리는 아이와 같은 미성숙함이 많았던 것으로 보인다.

딸 질다가 공작의 변심과 배신을 확인한 후에도 3막에서 계속해서 공작의 사랑을 그리워하고, 아버지의 복수를 말리면서 공작 대신 자신의 목숨을 버리는 것을 보면, 세상을 바라보는 어린 질다의 눈이 너무 순진하여 위태로워 보인다.

리골레토의 딸 질다는 어쩌면 매력적인 피해 대상으로, 동기화된 범죄자에게 선택된 불쌍한 피해자인지도 모른다. 과잉보호 속에서 자란 질다는 아버지나 보모 이외에는 다른 사람들과의 접촉 경험이 별로 없고, 세상 물정을 잘 모르는 상태에서 혼자 지내왔기에 작은 감정 변화에도 큰 영향을 받아 결국 만토바 공작의 거짓 고백을 진실한 사랑으로 착각해 버리는 실수를 저질렀다.

일상활동이론(Routine Activity Theory)은 실증주의에 반기를 들고 일어난

---

7 http://www.safe182.go.kr/cont/homeLogContents.do?contentsNm=182_abduct_main 최종확인 2018년 7월 10일.

8 http://www.seoul.co.kr/news/newsView.php?id=20090727017013 서울신문 최종확인 2018년 7월 10일.

신고전주의 입장(Neo－Classical School)에 속하는 범죄학 이론이다(Brown, et al., 2014). 여기에서는 인간의 합리성과 함께 피해자의 개인적 특성, 환경적 상황이 중요하게 다루어진다.[9] 세 가지 핵심 범죄 발생 요소에는 동기화된 범죄자(Motivated Offenders)와 적절한 피해 대상(Suitable Targets), 보호자의 부재(Absence of Capable Guardians)가 포함된다.[10]

반복적으로 여성을 희롱하며 범죄를 저지르는 동기화된 범죄자 만토바 공작(Motivated Offender)이 질다 근처에 살고 있고, 보호자인 아버지 리골레토(Absense of Capable Guardians)는 공작 밑에서 나쁜 짓을 하며 사회 경험이 없는 질다(Suitable Target)를 세심하게 돌보지 않았기에 피해자인 질다의 취약성이 더욱 극대화되어 질다를 상대로 한 납치, 감금, 성폭행 범죄가 발생했다고 볼 수 있다.

---

9 실증주의(Positivism)란 범죄의 원인이 "인간의 합리성"을 전제로 파악할 것이 아니라, 병리적인 사회환경 및 타고난 개개인의 신체적, 심리적 역기능에 있다고 보는 입장이다. 일종의 결정론적 입장에 속하는 학파로 생물학적 이론과 심리학적 이론, 사회구조적 이론들이 모두 여기에 해당한다.

10 신고전주의란 실증주의 범죄학(Positivism)에 반대하여 전통적 고전주의로의 회귀를 주장하면서 개인이 갖고 있는 인지적 차이를 강조한 범죄학 사조를 말한다. 여기에서는 한 개인이 갖고 있는 연령, 성별, 사회계층 등에 따라 일반 억제와 특별 억제 효과가 어떻게 달라지는지 초점을 두고 있다.

- **매 맞는 아내 증후군(Battered Women's Syndrome)**
매 맞는 아내 증후군(BWS)는 가정폭력 피해를 당한 피
해자들이 보이는 특정 심리 상태를 말한다. 장기간 남편,
동거인, 남자친구 및 가족으로부터 신체적, 심리적, 성적,
언어적 학대를 당한 피해 여성들이 관계에서 스스로 벗어
나 독립적인 생활방식을 갖기 어려워지는 이유가 바로 여
기에 있다. 또한, 피해 여성들은 가해자를 피해 외부에 적
극적인 도움을 요청하는데 어려움을 갖는다. 일종의 "심
리적 마비 상태(Psychological Paralysis)"에 해당하는
불안 증세를 갖게 되는데, 주로 우울증과 자살시도, 감정
변이, 패배감, 수동적 방어태세 등의 복합 증상을 보인다.
건강한 일반인들이 볼 때는 피해자의 대응방식이 비합리적
이라고 보일 수 있으나, 여성 피해자 입장에서는 실제 자신
이 가해자를 떠나게 되면 더 위험한 일이 생기게 된다고 믿
게 된다. 자신의 삶을 가해자의 손에 맡긴 채 학대-피해학
대 관계 속에서 계속 장기간 피해 상태에 머무르게 될 가능
성이 커지게 된다.

- **스톡홀름 증후군(Stockholm Syndrome)**
인질범들이 자신에게 고통을 준 범죄자들을 향해 갖게 되
는 정서적, 심리적 유대 관계를 뜻한다. 일부 생사의 고통
을 같이하게 된 사람들 사이에서 비정상적인 충격적 경험
을 공유함으로써 상호 간에 강한 유대 관계가 만들어지게
되어 스톡홀름 증후군이라는 용어가 만들어졌다. 1973년
스웨덴의 한 은행 강도 사건에서 인질범들이 보인 가해자
에 대한 긍정적 반응에서 처음 스톡홀름 증후군을 발견했
지만, 군인이나 힘든 역경을 같이 경험한 사람, 혹은 학대,
고문 등을 같이 경험한 사람들끼리 공유하게 되는 강한 소

속감도 스톡홀름 증후군에 해당한다고 하겠다.

- 학습된 무기력(Learned Helplessness)

1967년 미국 펜실베니아 대학에서 마틴 셀리그만(Martin Seligman) 교수가 동물과 인간을 상대로 한 실험 연구를 했다. 이 연구를 통해 장기간의 학대, 고통 상황에 노출되게 되었을 때 유기체는 그 문제 상황을 벗어나려는 적극적인 의지를 보이지 않게 된다는 사실을 밝혀냈다. 그리고 심리학에서는 해당 심리 상태를 학습된 무기력으로 부르게 되었다. 유기체가 보이는 무기력은 사실, 처음부터 본능적으로 태어나서면서부터 갖게 된 본연의 특성은 아니다. 건강한 유기체는 자유의지를 통해 적극적으로 자기 자신과 주변 상황을 통제하려는 의지를 갖고 있다. 그러나 오랜 기간 자신이 아무리 노력해도 상황을 바꿀 수 없다는 것을 "학습"하게 되면, 결국 그 환경에 적응하게 되어 학대 상황을 벗어날 수 있는 기회가 왔을 때에도 그 기회를 벗어나려는 시도 자체를 단념해 버리는 수동적 심리 상태를 갖게 된다.

핵심개념

- 범죄의 상대성
- 고전주의
- 신고전주의
- 매 맞는 여성 증후군
- 스톡홀름 증후군
- 학습된 무기력
- 억제이론
- 일상활동이론
- 피해-가해 중첩성

**오페라 속
아리아**

- 「그리운 이름이여(Caro nome)」
- 「여자의 마음(La donne e mobile)」
- 「멀리 공중에서부터(Lassu, in cielo)」
- 「이 여자도 저 여자도(Questa o quella)」

아리아 "여자의 마음"은 오페라 최고의 특급비밀?

우리 귀에 친숙한 베르디의 "여자의 마음"은 리골레토 작품 속에서 가장 유명한 아리아 중이 하나이다. 베르디는 한번 들으면 절대 잊을 수 없는 이 리듬을 공연 전에 유출하지 않기 위해 첫 공연 리허설 전까지 연주자들에게 악보를 절대 공개하지 않았다. 만토바 공작 역을 받은 테너 가수도 초연 전 마지막 리허설이 되어서야 처음으로 곡의 악보를 볼 수 있었다. 과거 베르디의 공연에서 유명한 아리아가 무대에 오르기 전에 유출되어 실제 공연장에서 음악이 가진 극적인 효과를 얻지 못해 안타까운 경우가 많았기에 베르디는 특히, "여자의 마음"을 지키기 위한 보안유지에 신경을 많이 쏟았다. 이 곡을 베르디가 얼마나 아끼고 사랑했는지 알 수 있고, 마지막 순간까지 얼마나 이 아리아의 힘과 성공을 확신했는지 짐작할 수 있다. 공연에서 연주를 담당했던 음악가들과 가수들에게 리허설 이후 외부에 유출하지 않는다는 "서약서"까지 받았다고 하니, 그 노력이 세월이 흘러 오늘날에도 빛을 발휘하는 듯하다. 지금도 "여자의 마음"을 듣고 나면 절로 흥이 나서 그 음을 오페라가 끝난 후에도 계속 흥얼거리게 되니, 베르디의 음악적 감각은 시대를 초월한 것임이 분명하다.

베르디의 "바리톤"으로 승부한다.

보통 오페라의 주인공 남성은 가장 높은 음역을 담당하는 "테너"가 맡는다. 저음을 담당하는 베이스와 함께 중간 음역대의 바리톤을 맡는 가수들은 오페라 주연을 맡는 경우가 드물다. 18세기부터 본격적으로 등장한 바리톤의 음역대는 오페라의 하인역이나 사랑을 방해하는 조연급의 인물이 주로 담당했다. 그러나 특이하게도 베르디의 작품에서는 테너보다 주인공인 리골레토가 더 큰 비중을 차지하고, 바리톤이 작품 전반에서 더 큰 영향을 미치게 된다.

딸을 잃은 아버지의 고통과 비통함을 표한하기 위해 중후한 바리톤을 사용하면서, 그 힘을 베르디의 음악 속에서 더욱 극대화했다. 베르디의 바리톤은 리골레토가 가진 캐릭터의 입체적 성격과도 큰 관련이 있다. 공작과 함께 범죄를 저지르고, 몸도 온전치 않은 꼽추인 상태에서 악인으로 끝나야 할 캐릭터가 아름다운 딸 질다를 온 힘을 다해 지키려고 할 때, 관객은 세상 그 누구보다 선한 부정을 지닌 아버지의 모습을 보게 된다. 실제 많은 악인이 일관되게 처음부터 끝까지 24시간 나쁜 짓만 하는 것은 아니기에 어쩌면 현실에서 볼 수 있는 진짜 캐릭터의 모습을 보이는지도 모르겠다.

베르디가 바리톤을 통해 인간이 가진 다양한 모습을 음악으로 승화시키려고 한 시도는 매우 참신하고 용기 있는 결정이었다. 아마도 주세페 베르디 본인이 작곡가로서 20대에 어린 딸과 아들, 부인을 억울하게 병으로 잃었기에 더욱 자식과 가족을 잃은 부모의 애끓는 슬픔을 바리톤 음악으로 더 격정적으로 진중하게 표현할 수 있었는지도 모른다.

Q ● 생각해봅시다

1. 범죄는 우리 주변에서 다양한 형태로 발생하게 됩니다. 그리고 범죄의 심각성을 평가할 때 개인마다 다양한 잣대를 이용해 그 중대성을 주관적으로 판단하게 됩니다. "범죄의 상대성" 평가 기준 네 가지 잣대가 무엇인지 이야기해 봅시다. 각 기준이 어떤 사례에 적용될 수 있는지 본인이 생각하는 범죄 유형을 만들어 봅시다.

2. 고전주의 범죄학이 강조하는 인간관이 무엇인지 생각해 봅시다. 실증주의 입장과 비교하며 인간관은 근본적으로 신고전주의에서 어떻게 달라지는지 비교, 평가해 봅시다.

3. 미성년자 약취, 유인 관련 범죄를 예방하기 위해 어린 아동을 위한 적절한 교육법에는 무엇이 있을지 생각해 봅시다.

4. 일상활동이론이 등장하게 된 배경을 설명하고, 핵심 요소로 강조되는 세 가지 요인이 무엇인지 설명해 봅시다.

5. 고전주의에서 강조하는 세 가지 처벌의 요인이 무엇인지 설명해 봅시다. 그리고 추가로 형벌의 목적 네 가지를 시대적 교정정책의 변화 순서에 따라 간략하게 설명해 봅시다.

03

마술피리

Magic flute

"Tamino! listen, you are lost.
A wise man analyses and pays
no attention to what the local rabble says."

"나는 엄마처럼 살고 싶지 않아요!

마술피리

마술피리 오페라 이야기

모차르트의 마술피리는 아주 매력적인 오페라이다. 주인공 밤의 여왕과 딸 파미나가 보여주는 모녀 사이의 갈등 관계를 바라보면 마치 "난 엄마처럼 살고 싶지 않아요!"라는 딸의 울부짖음이 들리는 듯하다. 본 장에서는 생물학적 범죄학을 바탕으로 딸 파미나와 엄마 밤의 여왕이 왜 전혀 다른 결정을 하고, 다른 삶의 경로(Pathway)를 추구하게 되는지 살펴볼 것이다.

생물학적 범죄 이론에 앞서 오페라 마술피리가 가지고 있는 작품 자체의 특징과 줄거리를 짧게 소개하고자 한다. 오페라 마술피리는 고급스러운 귀족층이 즐겨듣는 전통 클래식 오페라가 아니라 일반 서민들이 편하게 들을 수 있는 민요나 연극 등을 혼합한 뮤지컬 스타일의 새로운 오페라이다. 줄거리 역시 주문을 외우면 신기한 일이 펼쳐지는 판타지 마술쇼와도 비슷하고, 주인공이 갑자기 엄청난 능력을 갖게 되는 히어로 스타일의 영화 같아서 그 모험담 자체가 아이나 어른, 서민층과 상류층 모두에게 큰 인기가 있고, 연령과 신분에 상관없이 다 함께 즐길 수 있는 대중적인 오페라다.

마술피리는 기본적으로 타미노라는 착한 이집트 왕자가 파파게노의 도움을 받아 여왕의 딸인 파미나를 자라스트로로부터 구출하는 대모험을 떠난다는 줄거리를 갖고 있다. 그런데 여기에 등장하는 여왕의 딸인 파미나가 엄마의 기대와는 달리 자신을 납치한 철학자 자라스트로의 편을 들면서 작품 속 큰 반전을 만들어낸다.

파파게노의 도움으로 자라스트로의 성을 탈출한 딸 파미나가 자라스트로를 죽여 엄마의 복수를 대신해야 함에도 불구하고, 파미나는 자라스트로에게 엄마의 살인교사 사실을 알리면서, 엄마를 용서해 달라고 자라스트로에게 부탁하는 정반대의 행동을 보인다. 즉, 엄마와 같이 범죄를 저질러 악의 여왕으로 성장하려고 하는 것이 아니라, 어둠의 세계를 지배하는 엄마 "밤의 여왕"을 배신하고 적군에 해당하는 자라스트로 쪽에 속하는 착한 '철학자'의 길을 선택하게 되는 것이다. 왜 파미나는 엄마의 간곡한 부탁과 협박에도 불구하고 자라스트로의 편을 들게 된 것일까?

오페라 마술피리를 단순히 오락성과 기교 많은 음악이 극대화된 낮은 수준의 오페라라고 폄하하면 큰 착각이다. 범죄학 차원에서 봤을 때 이 오페라 속에는 인간의 문제 행동을 "생물학적 이론"으로 설명할 수 있는 해답이 숨겨져 있다.

밤의 여왕이 파미나를 낳은 엄마라면, 분명 유전적으로 그 둘은 기질이나 성격 면에서 서로 유사한 점이 많을 것이다. 생물학적으로 일부 공격성이 높은 사람들은 태어날 때부터 부모로부터 특정 폭력성 기질을 물려받아 어쩌면 더 범죄를 저지를 가능성이 크다고 볼 수 있다. 그런데도 타고난 기질을 버리고 나중에 만나게 된 자라스트로의 사상에 영향을 받아 범죄를 사주하는 엄마 대신 철학자 자라스트로를 선택한 파미나의 태도를 범죄학적으로 어떻게 설명해야 하는가? 범죄자의 기질이나 성향이 타고난 것이 아니라, 성장하면서 바뀌는 것이라면 환경의 영향이 더 중요한 것이 아닌가? 그리고 비슷한 맥락에서 합법적인 부모 밑에서 건강하게 태어난 아이도 범죄성향이 짙은 환경 속에서 성장해 간다면, 범죄자가 될 수 있는 것 아닌가? 유전적 기질보다 항상 환경적 요인이 더 중요한 것인가? 바로 이 "타고난 기질 대 양육방식(Nature vs Nurture)" 논쟁이 범죄학에서 처음 시작되는 부분이 초기 생물학적 범죄학의 핵심이다.

본 작품 속에서 생물학적 기질이 범죄 행동에 얼마나 큰 영향을 미치는지 살펴보고, "생물사회학(Biosociology)" 혹은 "생물사회 범죄학(Biosocial Criminology)"이라는 통합적 접근방식이 최근 어떤 방식으로 생물학적 특성과 환경론적 특성을 복합적으로 범죄 이론에 활용하고 있는지 검토해 볼 것이다.

오페라 작품 차원에서 봤을 때, 마술피리는 18세기 천재 작곡가 모차르트가 만들었던 3대 오페라 '세비야의 이발사', '돈 조바니', '코지 판 투테'와는 그 접근 방법이 다르고 음악 스타일도 다른 매우 흥미로운 작품이다. 귀족층이 아닌 서민들 코드에 눈높이를 맞춘 대중적 오페라이면서 동시에 프랑스 혁명기 계몽주의의 진보적 시대정신을 가장 은밀한 방식으로 세련되게 표현한 작품이다.

오페라 마술피리는 클래식 경험이 없는 서민들이 좋아할 만 한 베스트셀러 동화집에서 그 주제를 잡아 다소 황당무계한 판타지 소설로 오페라 작품을 만들었다. 큰 대중적 인기를 끈 요인이 바로 오페라를 서민들의 눈높이에서 신선한 감각으로 새롭게 담아냈다는데 있었다.

그러나 그 내면에는 비밀 지식 결사단 "프리메이슨(Free Mason)"이라는 깊이 있는 철학적 의도가 숨어 있다. 바로 오페라의 기저에 계급 사회의

특성에 대한 문제의식을 가지고
서민들이 알아야 할 프리메이슨
사상을 하나의 간접광고 방식으
로 반복해서 관객들에게 보여주
었던 것이다.

　중세시대의 석공(Mason) 길드
에서 비롯된 "메이슨"이라는 표
현답게 프리메이슨은 모차르트가 적극적으로 참여했던 비밀 운동 단체
인데, 이 프리메이슨 철학에서는 가톨릭계의 강한 힘에 반기를 들며 중
산층 프로테스탄트와 지식인들이 알리고자 했던 합리주의, 개인주의, 자
유주의를 중요하게 다루었다. 본 작품 속에서 범죄학의 생물학적 이론
과 모차르트의 프리메이슨 사상도 함께 배워보는 기회를 가질 것이다.
모차르트의 마술피리는 일반적인 오페라 방식과 달리 2막으로 이루어졌
는데, 먼저 각 막의 줄거리부터 살펴본다.

1막 누가 내 딸을 납치했는가?

이집트의 왕자 타미노는 착하고 잘생긴 멋진 남자 주인공이다. 그런데 그만 한밤중에 숲속에서 길을 잃게 된다. 큰 뱀을 만나 위기에 처하게 된 순간, 세 명의 시녀가 왕자를 구해주고, 그 일을 계기로 밤의 여왕을 직접 만나게 된다. 미래의 사윗감으로 생각한 것인지, 밤의 여왕은 순하고 착해 보이는 왕자 타미노에게 딸 파미나의 사진을 보여주며, 자라스트로로부터 딸을 구해 주면 자신이 딸과 타미노를 결혼시켜 주겠다고 약속을 한다.

파미나의 사진을 보고, 쉽게 사랑에 빠져 버린 젊은 로맨티스트는 꼭 딸을 구해내겠다고 약속한다. 자신이 무찔러야 하는 자라스트로가 어떤 사람인지 알 길이 없고, 자신에게 딸과의 결혼을 보장하겠다고 하는 밤의 여왕의 실체를 왕자 타미노는 알 방법이 없다. 따라서 1막에서의 주인공 타미노는 처음 만난 밤의 여왕의 말을 무조건 쉽게 믿고, 사진 한 장에 쉽게 마음을 빼앗겨 버리는 순진한 왕자로 보인다.

그러나 공주 구출 작전으로 시작된 이 로맨스 이야기는 반전 스토리를 거쳐, 왕자 타미노가 나중에 철학자 세계의 일원이 되는 입단 시험을 보게 된다는 거대한 어드벤처 스릴러물로 변신한다. 큰 이야기 속에서 봤을 때, 모차르트가 믿고 있던 프리메이슨이라는 새로운 철학 정신을 왕자 타미노가 반드시 학습해야 하고, 그 정신을 용기 있는 행동으로 입증해 보여야 하는 가치관으로 보았다.

즉, 입단시험을 통과해야 과거 중세시대의 관습과 과거, 어두움(밤의 세계 = 밤의 여왕)이 사라지게 된다는 것이 오페라 마술피리의거대한 주제라고 하겠다.

사실, 관객은 이런 심오한 의도를 1막에서 알 길이 없다. 마치 마술의 세계나 어린 시절 동화책에서 봤던 고대 수수께끼와 마법에 관한 이야기만 있을 뿐이다. 심지어 대중들이 쉽게 줄거리에 빨려들 수 있도록 마술피리의 대본작가 업무를 맡았던 모차르트의 친구 에마누엘 쉬카네더는 핀란드의 동화집에서 아이디어를 가지고 왔다. 거기에 여성의 나이나 외모를 비하하는 이야기나 과도한 마초 스타일의 대사, 혹은 과장된 몸 개그 등을 통해 대중들이 오페라를 조금 더 친숙하게 만들려고 했고, 저속한 표현과 익살스러운 캐릭터 등을 과감하게 작품에 포함했다.

여기에서 또 다른 주인공인 새잡이 "파파게노"에 주목할 필요가 있다. 주인공에 해당하는 파마노 왕자가 상류층 신분이라면, 파파게노는 광대 역할을 하는 하인 신분급의 조연이다. 하인 파파게노의 역할은 단순 익살꾼 이상으로 화려하다. 파파게노는 주연이지만 1막에서부터 하류층 신분으로 문제를 해결해 가는데 매우 결정적인 역할을 담당한다. 드라마나 영화를 보다 보면, 사실 가난한 집 출신의 조연급 배우가 때로는 주인공 부잣집 도련님보다 더 매력적인 캐릭터로 보이는 경우가 있다. 마치 춘향전의 이몽룡보다 방자와 향단이가 더 많은 메시지를 전달하면서 극의 전개가 더 흥미로워지듯, 파파게노라는 친숙한 조연이 있어 마술피리가 더 사랑스럽고 즐겁게 느껴진다.

본 오페라에서 밤의 여왕은 처음 만난 타미노 왕자를 믿고, 과감하게 타미노에게 딸을 납치한 철학자를 찾아가 딸을 꼭 찾아서 데리고 오라고 하며, 세 명의 소년과 하인 파파게노를 왕자에게 붙여준다. 그리고 마법의 피리와 마법의 종도 선물로 제공한다. 파파게노는 마법의 도구를 이용해 주인공 왕자가 위험할 때마다 기지를 발휘하여 갈등 상황을 헤쳐 나가는 열쇠를 제공한다. 거기에 관객들에게 다양한 웃음을 선사하는 추가적인 역할도 파파게노가 담당한다. 즉, 다소 진지하고 무거워 보이는 타미노의 공주 구출 모험담이 익살스럽고 솔직한 하인 파파게노에 의해 관객들에게 끝없이 웃음을 선사한다.

왕자 타미노는 공주를 구출하려 궁전에 갔다가, 승려를 만나 철학자 자라스트로가 나쁜 마법사가 아니라 훌륭한 철학자라는 "진짜 사실"을 듣게 된다. 밤의 여왕이 딸을 납치당했다고 하는 이야기는 모두 거짓이고, 오히려 딸을 이용해 범죄를 일삼는 나쁜 엄마이기에, 이를 목격한 철학자 자라스트로가 그 딸을 보호하려고 일부러 딸 파미나를 밤의 여왕으로부터 구출하여 자신의 성에 보호하고 있다는 것이다.

결국 왕자 타미노는 자신이 지금까지 믿었던 세상이 진짜 진실과는 전혀 다른 매우 위험한 것이었다는 것을 깨닫게 된다. 충격을 받은 왕자 타미노는 어떻게 하면 파미나와 결혼할 수 있을지, 그리고 이제부터 어떤 방식으로 세상을 다시 바라봐야 할지 고민하게 된다. 승려는 타미노 왕자에게 자라스트로의 가르침을 받을 수 있는 역량이 있음을 증명해야만 철학자로 인정받게 되고, 그것을 바탕으로 해야 진정한 파미나의 사랑을 얻을 수 있다고 말한다. 1막의 끝은 마침내 왕자 타미노가 꿈에 그리던 공주 파미나와 함께 성을 탈출하는 것으로 마무리된다.

2막 어떻게 해야 철학자 시험에 합격할 수 있는가?

왕자 타미노 입장에서 봤을 때, 오페라 마술피리의 1막이 밤의 여왕의 미션을 수행하는 것으로 채워졌다면, 2막은 철학자 자라스트로의 미션을 수행하는 것으로 바뀌게 된다. 1막과 2막의 목적 자체가 완전히 달라진 것이다. 1막에서 불쌍한 피해자로서 유괴된 딸을 그리워하는 어미의 모습을 보였던 밤의 여왕은 2막에서 갑자기 세상에서 가장 사악한 악마의 모습을 하고 있고, 납치범으로 알았던 철학자의 실체는 가장 용기 있고 훌륭한 지도자의 모습으로 바뀐다.

어쩌면 오페라 마술피리의 스토리는 모차르트가 말하려고 했던 새로운 시대정신과 새로운 이성주의 철학, 신분 계급 사회 과거와의 단절을 2막을 통해 구체화한 것인지도 모른다.

어릴 때부터 신동 소리를 들었던 천재 작곡가 모차르트였지만, 사실 그 역시도 18세기 당시 교황과 군주, 상류층들의 기쁨을 위해 음악을 연주해야만 하는 계급 피라미드 속의 낮은 하류층에 불과했다. 모차르트는 어릴 때부터 많은 돈을 벌었지만, 수입 액수에 상관없이 늘 경제적 빠듯함을 느껴야 했고, 음악활동을 후원해 주던 특정 상류층이 사라지면 다시 불안한 경제생활을 해야 했기에 가슴 속에서는 "새로운 세상"에 대한 열망이 강했는지도 모른다. 고향 잘츠부르크 주교와도 심각한 갈등 관계 속에 있었기에 모차르트에게는 상류층들을 위한 음악이 아닌 자신이 원하는 진짜 음악에 대한 간절한 마음이 컸을 것이다.

2막에서부터는 고통스럽지만, 모든 관문의 시련을 이겨내서 철학자 신분을 얻어 내고야 말겠다는 왕자 타미노의 열망이 오페라

전반에 드러난다. 타미노의 태도는 마치 신분 계급 사회로부터 자유로워져 자신이 추구하는 순수한 음악을 영위하고 싶다는 모차르트의 소망과 묘하게 닮아 있다.

가장 힘든 시련은 "침묵수행"이다. 어떤 일이 있어도 입을 열지 않고 묵언 수행을 하는 것이 타미노 왕자가 해결해야 할 일이다. 밤의 여왕이 보낸 세 명의 시녀가 괴롭혀도 파파게노와 달리 타미노 왕자는 묵묵히 미션을 완수해 낸다. 미션을 완수하기 위해 파미나와의 오해도 있었고, 파미나가 자살까지 시도하려고 했지만, 세 소년의 도움으로 둘의 관계도 회복되고, 둘이 힘을 합쳐 불과 물의 시련도 성공적으로 마치게 된다.

한편, 파미나는 엄마 밤의 여왕을 만나, 자신이 성에서 탈출했고 자신과 타미노 왕자가 모두 철학자 자라스트로쪽으로 방향을 정했다는 사실을 알린다. 밤의 여왕 입장에서 보면, 기가 차는 배신 상황이다. 딸을 되찾기 위해 왕자를 믿고 신기한 마술 도구와 파파게노, 세 명의 소년까지 딸려 보냈는데, 결국 왕자와 딸 모두가 밤의 여왕을 배신한 것이다.

격노한 밤의 여왕은 "자라스트로를 죽이지 않으면 너는 내 딸이 아니다"라는 무서운 협박을 하며 딸에게 마지막으로 자라스트로에 대한 살인으로 엄마와의 관계를 회복할 것을 강요한다. 그러나 딸 파미나는 철학자 자라스트로를 찾아가 자신의 엄마가 무서운 복수를 준비하고 있음을 알리고, 부디 엄마를 용서해 달라고 간청한다.

그리고 관대한 철학자 자라스트로는 파미나의 부탁을 들어준다. 철학자 자라스트로는 왕자 타미노가 어려운 관문을 모두 통과한 것을 보고, 결국 파미나와의 결혼을 허락한다. 밤의 여왕은 자라스트로의 궁전을 쳐들어가지만, 아쉽게도 왕자 타미노에게 마법의 종과 마법의 피리를 주어 버렸기에 싸움에 제대로 임하지 못하게 된다. 그로 인해 밤의 여왕은 전쟁에서 패배하게 되는 것으로 2막은 끝을 맺는다.

오페라 속 범죄학

실증주의 범죄학

생물학적 범죄학은 19세기 실증주의(Positivism)를 바탕으로 한 범죄학 이론이다. 고전주의가 18세기에 접어들어 과거 중세시대의 절대 왕권과 상류층, 가톨릭 종교계에 대한 반발로 시작된 것이라면, 실증주의는 과학적, 객관적 입증연구를 통해 직접 연구자가 연구 설계로 확인할 수 있는 특정 원인을 가지고 범죄자를 객관적으로 이해한다는 가정에서 출발한다. 구체적으로 실증주의 범죄학 내에는 생물학적 실증주의, 심리학적 실증주의, 사회학적 실증주의가 포함되어 있다(Brown, et al., 2014).

실증주의는 모든 인간이 '자유의지'를 갖고 있다고 보는 것이 아니라, 오직 체계적인 관찰과 경험을 통해서만 진정한 문제 행동의 원인을 설명할 수 있다고 본다. 달리 말하면, 밤의 여왕의 딸 파미나가 엄마의 살인교사나 폭력성이 아니라 철학자의 합법적인 태도를 선택한 것은 인간이 가진 "합리성"이나 "이성주의", "형벌의 엄격성·신속성·확실성"에 입각한 것이 아니라, 오직 객관적이고 근본적인 범죄 원인(Root Cause of Crime)의 부재에 근거하여 발생한 일이라고 본다. 그것이 생물학적 범죄학에 근거하여 일어난 일 일수도 있고, 심리학적 원인을 기반으로 한 것일 수도 있으며, 사회학적 이론에 근거하여 발생한 일일 수 있는바, 그 원인을 과학적이고 체계적인 방식으로 규명하는 것이 "실증주의 범죄학"의 의의다.

이런 맥락에서 실증주의의 범죄학은 국가가 추구하는 형벌 양식을 어떻게 변화시키냐보다 범죄자 개인의 고유한 특성이나 주변 환경 특성 자체를 어떻게 변화시키느냐에 더 관심을 가질 필요가 있다고 본다. 어쩌면 특정 범죄 원인을 발견함으로써 완벽한 문제 행동 수정 및 환경 변화를 통한 재범 방지도 가능하다고 볼 여지가 있다.

오페라 마술피리에서 밤의 여왕이 복수를 위해 딸에게 철학자를 죽이라고 요구하는 행동을 보면, 밤의 여왕은 딸도 살인자로 만들 수 있는 잔인한 성격을 가진 사람으로 보인다. 평범한 부모라면, 어떠한 경우에도 자식을 살인자로 만들고 싶지 않을 것이다. '부모'라는 이름을 내걸고 딸 파미나에게 철학자를 꼭 죽여서 복수해야 한다고 이야기하는 밤의 여왕을 보면, 세상에서 가장 나쁜 폭력적인 부모인 듯하다. 또한 딸인 파미나 역시 어쩌면 잔인하고 공격적인 성향을 가졌을지도 모른다는 생각이 든다. 생물학적으로 밤의 여왕이 정말 딸 파미나를 낳았다면, 유전적으로 둘의 기질이 비슷할 가능성이 크다.

딸 파미나가 엄마와 달리 철학자 편에서 새로운 길을 걷는 것으로 오페라 마술피리는 끝이 났지만, 생물학적 실증주의를 바탕으로 했을 때는 여왕의 딸도 엄마와 유사한 신체적 특성, 기질, 염색체, 호르몬 분비 특성을 가졌기에 범죄자가 될 가능성이 상대적으로 크다. 만약 파미나가 엄마와 함께 자라스트로를 죽였다면, 오페라 마술피리는 어떻게 바뀌었을까? 왕자 타미노는 어떤 길을 선택했을까?

만약 순수한 생물학적 범죄학을 지지한다면, 왜 파미나가 엄마와 다른 인생을 걷게 되었는지 설명하기 어려울 것이다. 그리고 만약 파미나가 밤의 여왕과 같은 폭력성을 보이며 살인 행동을 보였다면, 범죄 가계도 연구나 쌍생아 연구 등의 고전적인 생물범죄학이 더 큰 각광을 받았을 것이다. 1877년의 덕데일이 실시한 쥬크(Jukes) 가계도 연구와 1915년의 고다드가 실시한 칼리카크(Kallikak) 가계도 연구 등은 특정 집안의 유전적 기질이 대물림되면서 지속해서 특정인이 범죄자로 될 가능성이 크다는 것을 단적으로 보여주었다.

심지어 미국의 1927년 판례(Buck v. Bell)와 1974년 버지니아 주의 정책은 강제 단종수술과 불임수술을 국가가 생물학적 범죄학을 근거로 활용할 수 있다는 근거가 되기도 했다. 또한, 이와 유사한 맥락에서 교정학 차원의 '의료모델'을 통해 개인의 특성 변화를 중요한 교정이념 및 형벌 목적으로 간주하고, 실증주의를 바탕으로 한 다양한 사회복귀, 의료 처우가 더 활발히 운영되었을 수도 있다(Brown, et al., 2014).

범죄자가 병에 걸린 일종의 "환자"이며 생물학적으로 처음부터 어쩔 수 없이 범죄자가 될 "생래적 범죄인"의 격세유전의 운명을 타고났다고 보면, 극단적인 의료적 처우가 필요하다고 판단하게 된다. 심각한 유전적 문제가 아니라면, 어쩌면 적절한 의료적 처우를 통해 문제 원인을 제공할 수도 있다. 이에 생물학적 범죄학의 사조로 가석방이나 부정기형을 통한 재범방지 전략이 형사정책 시스템 내에 도입되기 시작했다.

사실, 범죄자에 대한 치료나 사회복귀 방법들이 무조건 긍정적인 결과를 초래하고, 피의자 인권을 옹호하는 대응방식으로 보일지도 모르겠다. 그러나 그 내면에서는 불필요한 형사사법 망의 확대(Net Widening)라는 문제가 내재하여 있다. 이는 정확히 어떤 상태가 완전 치유라고 볼 수 있을지 그 규정이 명확하지 않고, 인간의 자유의지를 담보로 하지 않는다는 점에 그 한계가 있기 때문이다.

생물학적 범죄학

1876년 이탈리아 롬브로조(Cesare Lombroso)는 군 병사들을 치료하는 내과 의사로 일했다. 그리고 이런 경력을 바탕으로 범죄의 원인이 타고난 신체적 특성에 있다는 사실을 실증연구로 발표했다. 자신이 직접 치료했던 군인 중 범죄나 탈영을 저지르는 사람들을 관찰할 결과, 그 외모가 일반 보통의 군인들과 다르게 범죄자들끼리 유사한 특징을 갖고 있음을 경험적으로 확인한 것이다(Brown, et al., 2014).

범죄자의 두개골을 해부한 결과, 뇌 크기가 비정상적으로 크거나 작고, 입술은 과도하게 도출되어 있고, 눈빛도 심하게 교활해 보이고, 양쪽 귀 크기도 서로 다른 경우에 범죄자가 될 확률이 크다는 것을 발견했다. 격세유전을 주장하며 생래적 범죄자가 전체 범죄자의 약 1/3에 해당한다는 통계도 함께 보였다. 즉, 롬브로조는 실증주의 학파 내에서 관찰과 통계적 분석을 통해 과학적인 방식으로 범죄의 원인이 특정 유전상의 낮은 진화 문제가 있고, 그로 인해 신체상의 특이점이 명확하게 확인된다는 점을 부각했다. 유사한 차원에서 영국의 군의관이었던 고링(C. Goring, 1870~1919)은 재산범과 폭력사범 간의 신체적 차이를 3,000명의 상습범죄자를 대상으로 실증적으로 분석하였다(Brown, et al., 2014).

그러나 1920년대 들어, 나치즘과 연계된 우생학이 롬브로조의 생래적 범죄학과 함께 인류에 큰 위험과 재앙을 초래할 가능성이 크다는 지적이 제기되면서, 해당 학문에 대한 우려가 커지게 되었다. 생물학적 범죄학을 대표했던 페리(E. Ferri, 1865~1928)는 개인의 신체적 특성을 강조하며 처우 개별화를 주장했지만, 동시에 이탈리아 무솔리니의 파시니스 나치즘을 지지하기도 했다.

이런 차원에서 전통적인 초기 생물학적 범죄학은 태어날 때부터 특정인은 범죄를 저지를 수밖에 없는 열등한 유전자라는 결정론적 시각이 정치적으로 악용될 수 있고, 실제 2차 대전 당시의 유대인 대학살 홀로코스트를 야기했다는 비판을 받게 되었다. 이로 인해 초기 생물학적 사회학이 20세기에 접어들어 다소 주춤하는 양상을 보였다. 단, 범죄학의 아버지인 서덜랜드의 등장으로 실증주의 범죄학은 다시 새롭게 부활하기도 했다.

생물사회학

나쁜 종자이론(Bad Seed Theory)에 의거하면, 생물학적으로 문제가 있는 유전 인자가 존재한다면, 그것은 범죄를 유발하는 진짜 원인이 될 수 있기에 마땅히 제거되어야 한다. 전통적인 생물학적 범죄학에서는 19세기 말과 20세기 초 사이에 일어났던 논쟁(Nature Vs Nurture) 속에서 유전적 특성에 더 주안점을 두면서 나쁜 종자이론을 바탕으로 한 잔인한 반인권적 정책을 시행했다(Brown, et al., 2014).

앞에서 언급한 바와 같이 1877년에 덕데일의 쥬크(Jukes) 가계도 연구를 통해 특정 집안에 범죄자가 계속 반복해서 나올 가능성이 크다는 사실이 세상에 알려졌다. 그리고 1915년에는 고다드의 칼리카크(Kallikak) 가계도 연구를 통해 생물학적 범죄학의 필요성이 더욱 강하게 어필되었다. 이런 비극적 가족사를 실증적으로 조사하고 그 연구 결과가 밝혀지게 되면서, 미국의 버지니아 주에서는 1974년까지 지속해서 특정인에게 강제 불임수술을 시행할 수 있다는 반인륜적 정책이 시행되기도 했다.

그러나 최근의 생물학적 범죄학은 초기의 전통적 생물학 이론과는 다소 다른 방향으로 전개되고 있다. 생물학적 특징 외에 뇌 기능, 호르몬, 신경전달물질이 인간의 특정 심리적 반응 및 문제 행동과 연결되며, 개인의 고유한 특수 환경과도 유전적 소질이 유기적으로 관련을 맺고 있다는 통합적인 설명력이 큰 힘을 얻고 있다(Brown, et al., 2014).

즉 부정적인 자아관념과 낮은 자기통제력 등의 특성이 유전적 요인과 상호작용할 수 있고, 그 기질이 다시 친구 및 부모, 주변인과의 갈등관계에 영향을 미치는 요인이 된다고 보는 것이다. 다시 말해, 부모가 가진 자녀 양육방식이 어쩌면 자녀가 태어날 때 갖게 된 특정 유전적 기질보다 더 큰 영향력을 미친다는 주장이 다시금 힘을 얻게 되었다. 그리고 생물사회학이라는 이름 하에서 생물학과 사회학 두 요인이 다양한 방식으로 서로 영향을 주고받을 수 있다는 사실이 알려지기 시작했다.

생물사회학 내에는 네 가지 설명 모델이 존재한다. 가산적 모델, 상관관계 모델, 순차적 모델, 증폭적 모델이 그것이다. 첫째, 가산적 모델은 생물학적인 위험 요인 하나가 환경적, 사회적 위험요인 하나와 단순 결합하여 두 개인 범죄 발생을 유발한다고 보는 입장이다. 생물학적 요인과 환경적 요인이 각각 독자적인 영향력을 행사하여 같은 정도의 힘으로 추가적인 범죄 발생에 독자적으로 책임을 진다고 보는 입장이다.

둘째, 상관관계 모델은 생물학적 요인과 사회학적 요인(또는 심리학적 요인)이 서로 직, 간접적으로 서로에게 영향을 미쳐 하나의 범죄 행동에 부분적으로 두 요인이 서로 책임을 진다고 본다. 세부적으로 보면, 능동적 상관관계 모델 입장에서 폭력성향이 큰 사람은 조용한 도서관보다는 평상시에도 술집이나 게임경기장, 사람이 많이 모이는 시끄러운 곳을 더 선호하게 될 가능성이 커서 범죄자가 될 확률도 크다고 본다. 반면, 수동적 상관관계 모델에서는 부모가 자식에게 준 특정 성향이 존재할 때 부모가 가진 유사한 기질도 하나의 양육환경으로 작용하여 수동적으로 유전과 환경이 서로 상호작용을 한다고 본다. 그리고 환기형 유전적 상관관계 모델에서는 유전적 소인으로 인해 특정 행동을 했을 때, 주변 사람들의 공통된 반응을 보여 심리적, 사회적 요인이 변화된다고 본다 (Brown, et al., 2014). 즉, 공격성 및 폭력성 등의 유전적 특성이 많은 사람은 그 특성을 인해 주변 사람들로 하여금 부정적인 반응을 불러오게 만들어 결국 타인과 맺는 사회 유대감이라는 심리 특성이 낮아진다고 볼 수 있다. 낮은 사회 유대감으로 인해 범죄 발생 가능성이 증가할 수 있다고 본다.

셋째, 순차적 모델은 "환경이 유전에 영향을 미친다"고 보는 생물사회학 내의 모델을 말한다. 순차적 모델에 의하면 역기능적 외부 환경이 유기체 내부의 유전적 특성에 영향을 미쳐 결국 신체 내부의 유전적 기질이 바뀌게 된다. 유전적 소인이 타고난 불변의 특성이 아니라, 환경적 상황에 의해 얼마든지 바뀔 수 있다고 보는 모델이다. 유아기 때 장기간 방임과 학대 등 스트레스 상황에 노출되게 되면, 실제 성인이 된 후 시상하부 뇌하수체 부신 기능과 세로토닌 및 도파민 분비에 문제가 발생하게 되는 것으로 나타났다. 일명 "후생 효과"로 불리는 특정 범죄 행동은 문제 환경으로 인한 유전적 기질의 변화를 보여준다.

넷째, 증폭적 모델에서는 유전적 요인과 환경적 요인이 결합하여 위험한 범죄 상황이 증가하여 발생할 수 있다고 본다. 단순 요인 간의 결합이 아니라, 증폭된 위험 행동이 나타나게 된다고 보는 것이다. 공격성

유전 기질을 가진 자가 학대 부모나 상습절도 범죄 부모 등의 문제 환경에 노출되게 되면, 그 범죄 행동은 단순 폭력성향과 절도 범죄수법 학습, 또는 강도 행위로 끝나는 것이 아니라, 약물사범이나 살인, 강간사범 등으로 확장될 수 있다(Brown, et al., 2014).

오페라 마술피리에서는 밤의 여왕이 절대 악을 상징하고, 딸 파미나는 엄마와 다른 길을 걸으려고 하는 반대의 절대 선을 상징한다. 유전적으로 딸 파미나가 밤의 여왕이 친딸이라고 가정했을 때, 왜 파미나는 엄마와 다르게 잔인하고 폭력적이지 않은지 의구심이 든다. 파미나가 정확히 얼마나 오랜 기간 철학자에게 납치되어 있었는지는 알 수 없으나, 철학자가 밤의 여왕보다 더 안전하고 편안한 환경을 제공하였던 듯하다. 유전적으로는 밤의 여왕의 유전인자를 많이 받았으나, 철학자가 보호하는 환경이 스트레스와 긴장감을 감소시키는 편안한 외부 요인으로 작동하여 순차적 모델에 따라 유전적 소질이 긍정적으로 바뀌었을 수도 있다.

어쩌면 밤의 여왕이 유전적으로 "절대 악"의 유전적 소질을 갖고 있지 않았을 수도 있다. 따라서 딸 파미나가 살인이라는 극단적인 범죄 선택 대신 철학자에게 정직하게 용서를 구하는 평화로운 해결책을 선택했는지도 모르는 일이다. 본 작품을 통해 생물사회학에서 말하는 다양한 범죄 원인 모델을 통합적인 관점에서 이해하는 기회를 얻게 되기를 바란다.

오페라 속 범죄유형

약취 · 유인

오페라 마술피리에서 밤의 여왕은 왕자 타미노에게 자신의 딸이 철학자에게 억울하게 납치되었다고 말한다. 범죄 피해자로 보이는 밤의 여왕을 돕기 위해 왕자는 기꺼이 딸을 구출해 오겠다고 약속한다. 1막의 시작은 바로 철학자가 저지른 납치, 유괴다.

유괴는 폭력, 협박, 사기 등을 통해 특정인의 신병을 강제로 특정 장소에 가두어 놓거나 제3자의 지배하에 놓는 것이다. 납치는 강제적으로 특정인을 이동시켜 피해자가 원치 않는 장소에 옮겨 놓는다는 행동 특징을 갖는다.

법적으로 보면, 유괴나 납치 모두 약취 · 유인죄로 처벌받을 가능성이 크다. 약취가 피해자의 동의를 요구하지 않고 특정인의 보호 상태에서 불법적인 보호 상태로 피해자를 강제로

이탈시켜 다른 사람의 지배 밑에 두는 것이라면, 유인은 기망 등을 통해 피해자를 속여서 스스로 다른 사람의 지배 밑에 들어가게 만든다는 차이점이 있다. 요약하면, 약취나 유인 모두 사람을 자기 또는 제3자의 실력적 지배하에 두어 특정인의 자유를 침해하는 점에서 그 본질적 침해법익은 같다고 할 수 있다. 그러나 '약취'는 폭행·협박을 수단으로 하는 것이며, '유인'은 기망(欺罔) 또는 유혹을 수단으로 하는 점에서 양자가 서로 구별된다고 말할 수 있다.

약취, 유인과 관련하여 아동이 낯선 사람을 쉽게 믿고 따라가는 경향이 왜 생기는지에 대해 고민해 볼 필요가 있다. 아동 약취, 유인죄를 살펴보면, 아동과 성인 피해자가 서로 다른 인지적 특성이 있음을 알 수 있다. 아동 성범죄자와 관련된 아동 실험 연구 등을 통해 보면 "낯선 사람"에 대한 아동들의 인지 체계가 일반 성인들의 그것과는 다르다(EBS 아동범죄 미스터리 과학 제작팀 출판 '아이들은 왜 낯선 사람을 따라갈까?' 참조). 아동 성범죄 등을 저지르는 범죄자가 평범한 외모를 갖고 있고 "낯선 사람, 모르는 사람"의 이미지가 아닌 평범한 친척, 이웃 아저씨, 옆집 아줌마 같은 일반적인 모습을 하고 있음을 정확히 아이들에게 인식시킬 필요가 있다.

그리고 성범죄자 알림(www.sexoffender.go.kr) 등의 온라인 접속을 부모나 보호자가 주기적으로 함께 하면서 동네 주변에 위험인물이 살고 있는지 알아둘 필요가 있다. 이와 함께 범죄자들이 아동에게 하는 범죄 수법을 구체적으로 이해하여 아동에게 사전에 그 예방책을 행동으로 연습할 수 있도록 해야 한다. 특히, 필요한 물품은 꼭 부모님이 사준다는 것을 알게 하고, 공짜에 현혹되어 낯선 사람을 따라가지 않도록 해야 한다.

더 중요한 것으로 엄마나 아빠가 급한 일이 생겼다고 해서 절대 낯선 사람을 통해 아동을 데리고 오지 않음을 정확하게 아동에게 교육해야 한다는 점이다. 낯선 어른이 물건을 들어달라고 부탁할 때에도 "다른 어른 불러다 드릴게요!"라고 말하도록 교육할 필요가 있다. 착한 아이가 되어야 하거나 예의 바른 어린이가 되어야 한다는 식의 교육법으로 인해 쉽게 어른들의 부탁을 거절하지 못하는 아이가 많기 때문에 직접 대응방식을 구체적 상황에 따라 행동으로 학습할 수 있게 해야 할 것이다.

이름표 등을 통해 아동의 정보와 외부에 노출되지 않도록 하는 것도 평상시에 지켜야 할 중요한 범죄예방 수칙 중의 하나이다. 만약 아동이 혼자 있을 때 핸드폰이 없어 당황하게 된다면, 아이에게 휴대전화가 없는 비상사태에 대비해 미리 공중전화를 사용할 수 있도록 가르치고, 수신자 부담 전화사용 방법을 가르쳐 두어야 할 것이다. 추가로 누군가 차를 세우고 길을 물으면 차에서 두세 걸음 떨어져 대답하게 하고, 어떤 일이 있어도 낯선 사람의 차에 동행하지 않도록 해야 한다.

아동학대

마술피리에서 밤의 여왕이 딸에게 한 행동은 "아동학대"에 해당할 여지가 있다. 정확히 딸 파미나의 나이는 알 수 없으나, 만약 18세 미만이라면 우리 법에 의거하여, 아동학대 피해자에 해당할 수 있다. 자라스트로가 딸을 보호하기 위해 밤의 여왕으로부터 딸을 데려왔다는 표현을 보면 비교적 오랫동안 밤의 여왕이 파미나가 어렸을 때부터 학대해 왔던 것으로 보인다. 밤의 여왕이 딸 파미나에게 "자라스트로를 죽이지 않으면 넌 내 딸이 아니다"라는 식으로 살인을 강요하는 태도를 보면, 분명 적절한 훈육을 했던 엄마는 아닌 듯하다. 자신의 자녀에게 살인이나 범죄를 강요하는 행위도 아동학대에 해당한다.

2014년 아동학대범죄의 처벌 등에 관한 특례법이 우리나라에 제정되었지만, 학대에 대한 신고, 처벌 조항만 있을 뿐 훈육에 대한 개념 정의 및 학대와의 차이점이 규정되어 있지 않아 많은 아동학대 사건이 강

력한 "훈육 행위"의 탈을 쓴
체 재판에서 제대로 다루어지
지 못하고 있다. 아동학대 가
해자 10명 중 8명에 해당하는
대다수가 친부모라는 사실을
보면, 대부분 잘못된 훈육방식
을 가지고 아동학대를 저지른

다고 볼 수 있다.[1] 아동학대에 대한 개념 정의 및 판단 기준에 있어 아직
도 많은 부모나 보호자들이 그 명확한 내용을 알지 못하는 경우도 많다.

아동학대의 대표적인 행동 양식은 아동을 "신체적"으로 가해자가 직
접 학대하는 것이다. 우발적인 경우를 제외하고, 아동에게 특정 행위나
도구를 이용해서 신체에 가해하는 모든 행위, 그리고 완력을 사용해 아
동을 위협하는 행위 등이 모두 신체적 학대에 해당한다고 볼 수 있다.

그리고 아동의 정서적 발달을 저해하는 모든 유형의 행위는 "정서적
학대"에 해당한다. 가족 내 편애와 차별이 대표적인 정서적 학대에 해당
하고, 제대로 잠을 재우지 않는 행위도 이에 해당한다. 그리고 아동에게
적합하지 않은 미성년자 출입금지 지역에 데리고 다니거나 다른 타인을
학대하도록 하는 행위, 아동이 감당하기 어려운 행위를 강요하는 행위
일체도 정서적 학대에 해당한다. 따라서 밤의 여왕이 파미나에게 자라
스트로를 살해하라고 강요하는 것 자체가 어쩌면 파미나가 감당하기 어
려운 행위라고 볼 수 있다. 자신을 보호해 주고, 지켜주었던 철학자 스
승을 죽일 수 있을지 파미나로서는 상상하기조차 어려울 것이다. "훈육"
이라는 이유로 독방에 혼자 장시간 아이를 가두어 두는 행위도 아이 연

---

1 https://m.post.naver.com/viewer/postView.nhn?volumeNo=15653783&member
No=16990721&vType=VERTICAL 최종확인 2018년 7월 28일.

령에서는 감당할 수 없는 공포심을 유발하는 행위이므로 아이가 그로 인해 심장마비 등을 일으키게 되면, 보호자는 아동학대죄로 처벌받을 수 있다.

"성적 학대"는 18세 미만의 아동에게 하는 일체의 성적 폭력이나 가혹 행위를 의미한다. 보호자의 성적 만족을 위해 아동을 이용하거나, 유사 성행위를 시키는 행위 모두가 아동학대에 해당한다.

마지막으로 아동에게 충분한 안정감과 사랑을 주지 않는 "방임" 행위도 아동학대에 해당한다. 당연히 제공되어야 할 아동에 대한 사랑과 관심에 적절한 방식으로 이루어지지 않는다면 아동의 건강한 성장을 담보할 수 없기에 이것도 방임으로 인한 아동학대라고 볼 수 있다. 출생신고를 하지 않아 아동이 법적으로 적절한 신분을 얻지 못하거나 의식주, 교육, 의료 지원 등을 받지 못하는 것 전부가 방임 상태에 해당한다고 하겠다. 부모 및 보호자에 의한 아동학대가 가장 큰 가해자 비중을 차지하므로, 주변의 목격자들이 아동학대에 관심을 가지고, 사소한 방임 행위에도 적극적으로 개입하고 신고하는 자세를 취해야 아동의 안전을 담보할 수 있을 것이다.

• 쥬크(Jukes) 가계도 연구

롬브로조의 범죄가 유전된다는 주장은 당시 상당히 획기적인 주장이었다. 범죄학자들은 그런 획기적인 아이디어를 쉽게 포기하지 못하고 계속해서 입증하려고 노력했다.

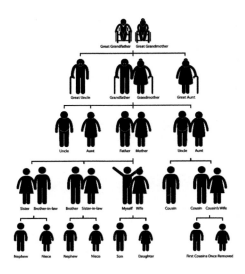

1877년의 덕데일이 롬브로조의 주장을 입증할 만한 주장을 제시하면서 범죄의 유전에 대한 논의가 다시 떠오르기 시작했다. 덕데일은 교도소의 위원으로 재직하던 중 자신이 위원을 맡은 뉴욕의 한 교도소에서 이상한 사실을 발견했다. 바로 교도소에 수감된 수감자의 명단을 보면 'Juke'라는 성을 가진 사람이 너무 많았던 것이다.

여기서 잠깐, 우리나라와 미국의 이름 체계가 다른 점을 생각해야 한다. 우리나라는 교도소에 김씨 혹은 이씨가 너무 많아도 전혀 이상한 점이 아니지만, 미국은 성의 종류가 너무 많아서 성이 같은 사람을 만나는 것은 흔히 일어나는 일이 아니다. 뉴욕의 한 교도소에서 쥬크씨가 17명가량 된다는 사실에 놀란 덕데일은 뉴욕에 있는 다른 교도소에도 쥬크 씨가 많이 있는지 확인을 하고, 신기하게도 다른 교도소에서도 쥬크씨 여러 명이 수감되어 있다는 것을 발견한 후 뉴욕시 전체에 살고 있는 모든 쥬크씨를 다 찾아본다. 쥬크라는 성을 가진 한 가문의 족보를 만들게 된 것이다. 그 결과 놀라운 사실이 드러나게 된다. 뉴욕시에 사는 약 700명의 쥬크씨들 중에서 범죄인이 76명, 포주 18명, 매춘부 120명, 빈민구호소에 보호조치된 사람이 200명이라는 사실이 밝혀진다. 쥬크씨는 모두 예전에 네덜란드에서 이민 온 한 사람의 자손들이며 이들 가문의 절반이 넘는 사람이 범죄자이거나 일탈 행동을 하고 있다는 것은 범죄성향이라는 것이 유전된다는 것을 보여준다고 믿게 된 것이다.

하지만 결국 이 주장도 완전하지 못하다는 평가를 받게 된다. 쥬크씨 중에 범죄자가 많은 이유는 유전적인 이유가 아니라 환경적인 이유 때문이라고 비난을 받았고, 혼인하면 다른 가문의 여성과 아이를 낳게 되는 사실을 간과했다는 치명적인 단점에 관해 제대로 답변을 하지 못했기 때문이다.

• 새로운 오페라 장르 - "징슈필(Singspiel)"
어릴 때부터 천재라는 소리를 들으며 유럽 전역을 누비었던 모차르트는 당시 상류층들과 좋은 관계를 유지하는데 어려움이 있었다. 그리고 아버지의 기대와 달리, 궁중 소속 음악가의 신분을 포기하고 자유로운 독립 작곡가의 삶을 선택했던 모차르트는 35세라는 짧은 삶을 마감하며, 사망하기 두 달 전 생의 마지막 작품 오페라 '마술피리'를 남겼다.

음악가라는 낮은 신분으로 인해 아무리 노력해도 상류층으로 진입할 수 없다는 계급 사회의 현실이 모차르트의 천재성으로 인해 더욱 괴롭게 느껴졌다. 모차르트는 계급 사회의 모순을 지적하고, 음악이 일부 상류층의 전유물이 되는 것에 반대했다. 모차르트는 기존의 오페라들이 주로 본인들의 언어(독일어)가 아닌, "이탈리아 언어"로 만들어지면서 오직 교황과 왕들을 위한 일부 상류층 음악으로 자리 잡히는 것에 반대하며, 1791년 죽음을 앞둔 상황에서 일반 평민들이 즐길 수 있는 "독일어"로 만들어진 2막의 마술피리를 평민들 앞에 선보였다.

줄거리 역시 일반 서민들이 편하게 웃고 즐길 수 있는 이야기로 전개되었는데, 파파게노와 왕자 타미노가 철학자의 길에 입문하는 모험담을 큰 줄기로 해서 새로운 형태의 "징슈필"이라는 오페라로 만들었다. 대사가 없이 오직 아리아 선율로 이야기를 이끌어 가던 전통적인 오페라와 달리, 징슈필에서는 연극처럼 중간에 대사도 들어가고, 그 대사와 노래가 서민들이 이해할 수 있는 독일어로 만들어져서 그 인기가 당시 최고의 "매진(Sold Out)" 행렬로 이어졌다. 오페라 마술피리를 만든 후 아쉽게도 두 달 만에 모차르트는 세상을 떠났지만, 징슈필이라는 새로운 장르로 인해 일반 서민들도 오페라를 더 사랑하고 즐길 수 있게 되었다. 오늘날 우리가 마치 다소 지루하고 난해한 전통 오페라보다 가벼운 스토리의 "뮤지컬"을 통해 음악과 연극, 무대, 예술이라는 종합 세트를 즐기게 된 것과 유사한 상황이었다.

• "프리메이슨(Free Mason)" 사상
18세기 말에서부터 19세기 초까지 유럽 전역에서는 프랑스혁명, 산업혁명, 나폴레옹의 대두 등 중세시대와는 다른 사회 변화와 급진적인 사상이 전파되었다. 괴테 등 독일의 민족적 문학주의와 정체성 회복 운동, 그리스 시대로의 복귀, 문학적 낭만주의 등 새로운 사조가 일어났고, 이러한 시대정신은 작곡가 모차르트에게도 큰 영향을 미쳤다. 18세기 남성 엘리트 중심의 비밀결사대가 만들어지면서 고대 그리스 시대의 석공들이 가졌던 것처럼 공동체 의식을 통해 천국의 사원을 건설하듯 새로운 세상을 만들어 보자는 "프리메이슨" 사상이 천재 작곡가 모차르트에게 정신적 지주 역할을 했다.

기본적으로 프리메이슨 사상은 길드를 조직했던 고대 석공들이 신봉했던 "자유, 평등, 박애, 관용"의 인본주의 정신을 바탕으로 한다. 특이하게도 모차르트를 후원했던 요세프 2세 전제군주도 프리메이슨 단체를 후원했다고 하니, 그 큰 정신적 흐름이 얼마나 다양한 신분 계급에서 다방면으로 영향을 미쳤는지 짐작해 볼 수 있다.

그러나 여전히 다수의 전제군주와 교회들은 기득권으로서 새로운 세상의 가치관을 거부하고 전통적인 중세시대의 가치관을 신봉했기에 프리메이슨 멤버가 되는 것은 위험한 일이기도 했다. 당시 비밀결사대 구성원들은 진짜 프리메이슨 구성원이 누구인지 확인하기 위해 입소 확인 절차를 매우 까다롭게 만들어왔는데, 그것이 바로 마술피리에 등장하는 "철학자 되기 시험" 절차와 매우 유사하다고 하겠다.

왕자 타미노가 2막에서 보여주는 "침묵수행"과 "불과 물의 시험"이 당시 프리메이슨 비밀 결사대가 요구했던 통과의례 시험과 유사하고, 그 합격의 어려움을 상징적으로 보여준다. 자연과학의 힘을 당연시하며, 프리메이슨 지도자에 대한 절대 복종을 강조하는 것이 마치 마술피리에서 많은 등장인물이 밤의 여왕 대신 철학자 "자라스트로"를 선택하며 그에 대한 절대적 경외와 존경, 최종적 승리에 합세하는 태도를 보이는 것과 유사하다고 하겠다.

핵심개념

- 생물학적 범죄학
- 실증주의
- 생물사회학
- 나쁜 종자이론
- 심리학적 실증주의
- 사회학적 실증주의

오페라 속 아리아

- 「마법의 음악은 얼마나 강력한지("Wie stark ist nicht dein Zauberton") (How strong is thy magic tone)」
- 「아! 이시스와 오시리스("O Isis und Osiris") (O Isis and Osiris)」
- 「지옥의 복수심 내 마음에 불타오르고("Der Hölle Rache kocht in meinem Herzen") (Hell's vengeance boils in my heart)」
- 「허망하게 사라진 듯하다("Ach, ich fühl's, es ist verschwunden") (Ah, I feel it, it is vanished)」

고난도의 밤의 여왕의 아리아-콜로라투라(Coloratura) 기법

오페라 마술피리에서 가장 유명한 곡은 바로 밤의 여왕이 2막에서 부르는 아리아 "지옥의 복수심 내 마음에 불타오르고!"이다. 많은 소프라노 가수들이 이 곡을 통해 자신의 존재감을 나타냈는데, 우리나라에서는 조수미씨가 훌륭한 콜로라투라 역할을 보여주었다. 음악의 고음을 표현하는 데 있어 콜로라투라 가수가 기억해야 할 것은 고음상의 어떠한 퍼짐도 보이지 않고, 시종일관 맑은 음색으로 깨끗하게 최고 공명점에 오르는 기교를 보여주어야 한다는 것이다. 고도의 기술을 자유롭게 구사하는 여성 가수들을 가리켜 콜로라투라라고 부르며, 그 음색이 사람의 목소리가 아닌, 마치 플루트의 고음처럼 아름답다고 평가해 "밤의 여왕의 아리아"가 단연 최고의 "콜로라투라 기법"을 보여주는 곡으로 평가받는다.

> *"지옥의 복수가 내 가슴에 끓어 넘치고 내 둘레에 죽음과 절망이 타오른다! 자라스트로가 네 손에 의해 죽음의 고통을 맛보지 않는 한, 너는 이미 내 딸이 아니다! 물리치라 영원히, 내버려라 영원히, 어미 딸의 관계는 영원히 부서져 버리는 것을, 자라스트로가 네 손에 걸리지 않을 때! 들어라! 복수의 신이여! 들어라 이 어미의 맹세를!"*

밤의 여왕의 아리아에서 사용되는 콜로라투라 기법에서는 빠른 박자가 많이 사용되어, 많은 양의 짧은 음표가 반복해서 악보에 나타나게 된다. 노래를 부르는 소프라노의 높은 기교가 가장 중요하게 다루어지고, 음에 대한 표현이 마치 악기처럼 펼쳐져야 하는 등 가수로서는 선율 표현에 대한 부담감이 가장 많은 곡이다. 소프라노의 절대 한계음인 하이 F음이 여러 번 등장하고, 그 분노에 찬 감정표현도 어려워 많은 가수가 성공적으로 보여주기 어려운 고난도 오페라 곡 중의 하나이다.

1. 아동학대가 근절되지 않고, 쉽게 신고로 이어지지 못하는 이유가 무엇인지 논의해 봅시다. 부모 및 보호자에 의한 아동학대를 예방할 수 있는 방법으로 어떤 활동이 필요한지 생각해 봅시다.

2. 실증주의 범죄학과 고전주의 범죄학을 각각 설명하고, 두 접근법이 가진 공통점과 차이점을 체계적으로 정리해 봅시다.

3. 우리나라에서 아동에 대한 성범죄와 아동 납치유괴죄가 근절될 수 있는 방법에 대해 토론해 봅시다.

4. 생물범죄학에 대해 설명하고, 전통적 생물범죄학의 다양한 연구 사례를 이야기해 봅시다.

5. 생물사회학이 활용하는 다양한 범죄학 이론, 모델들에 대해 설명해 봅시다.

04

라인의 황금

Der Ring des Nibelungen

"The world's wealth by the spell
might I win for mine own?
If love be denied me,
my cunning shall win me delight."

" 인간의 욕망, 그 끝은 어디인가?

라인의 황금

라인의 황금 오페라 이야기

오페라 '라인의 황금'은 인간이 가진 욕망이 어디까지이며, 진정한 인간다움이란 무엇인지 고민하게 만드는 작품이다. 1막에 등장하는 늙은 난쟁이 알베리히는 니벨룽족 사람이다. 신이나 거인과 비교하면 알베리히가 가진 능력은 초라하기 짝이 없다. 그러나 욕심과 권력을 향한 욕구에서는 그 어느 종족보다 강하다. 영화 "반지의 제왕"이 아마도 오페라 라인의 황금 시리즈에서 그 영감을 얻은 듯하다. 반지 시리즈 모든 그 이야기의 모티브가 인간의 욕망과 관련된 것이기에 오페라 라인의 황금도 진정한 행복과 인간다움이 무엇인지 진지하게 우리 자신을 성찰하게 만드는 작품이다.

누구나 황금 앞에서는 한없이 탐욕스러워지게 되고, 결국 그 황금의 반지를 얻기 위해 인간다움을 버리고 불행한 선택을 할 수밖에 없다는 그 주제는 참다운 인간성이 무엇인지, 그리고 진정한 사랑과 더불어 사는 행복이 무엇인지 곱씹어 보게 만든다.

1막에서 난쟁이 알베리히는 라인강 속에서 절대 권력의 반지를 만들 수 있는 "황금"을 발견하고, 타인을 마음대로 조절하고 통제할 수 있는 막강한 능력을 소유하기 위해 님프 몰래 반지를 갖고 달아나버린다. 님 프들로부터 황금을 소유하게 되면, 진정한 사랑을 포기해야 한다는 경고를 들었음에도 불구하고, 알베리히는 사랑 대신 권력을 선택한다. 사실, 우리 인간 역시 상대방에 대한 배려와 사랑, 책임감보다는 나 혼자만의 이기적인 욕구충족과 욕심, 권력욕으로 인해 범죄를 저지르고, 남의 것을 빼앗고 상대방에게 고통을 주는 경우가 많으니, 알베리히와 비슷한 구석을 많이 가진 존재다.

본 작품에서는 인간이 가진 욕망과 절대 권력에 대한 끝없는 갈망, 그리고 범죄 행위와의 관계에 관해 이야기를 들려주고 있다. 성공을 향한 인간의 욕심과 그것을 얻기 위한 사람 간의 갈등, 불법 수단을 통한 무리한 목표 성취 상황을 생각해 봄으로써 범죄학의 주류 이론에 해당하는 머튼의 아노미/긴장이론(Anomie/Strain Theory)의 의미를 심층적으로 배울 수 있다. 또한, 갈등이론을 통해 자본주의의 모순과 문화갈등의 문제점을 생각해 볼 수 있다.

오페라 라인의 황금에는 신화적인 요소가 많이 혼재되어 있다. 욕심 많은 알베리히뿐만 아니라 신들의 신 "보탄 왕"도 등장하여 신들 사이의 갈등과 사랑도 오페라 내에서 함께 보여준다. 어쩌며 인간들 입장에서 신들은 완벽한 존재일 수 있는데, 신들 역시 우리 인간과 동일한 고민을 갖고 있고, 절대 권력 앞에서 한없이 나약한 모습을 보여주는 존재라는 사실을 오페라 작품을 통해 적나라하게 보여준다. 흥미로운 신화적 이야기와 진정한 사랑의 의미를 고민하게 해주는 철학적 요소가 '라인의 황금' 속 1막에서부터 4막까지 가득 차 있다.

오페라가 3막이 아닌 4막으로 이루어져 있고, 그 등장인물도 많아

줄거리와 캐릭터 분석이 다소 어렵게 느껴질 수 있으나, 이 오페라 작품은 "정신 vs 물질" 사이의 진정한 가치 평가와 인간다움에 대한 속 깊은 고민이 담겨 있는 아름다운 이야기를 보여주고 있다. 지금부터 오  페라의 줄거리를 살펴보고, 범죄학 이론 두 가지를 함께 보기로 한다.

1막 사랑보다는 무조건 성공!!!

세 명의 님프들은 라인강에서 한가로운 시간을 보내고 있다. 아름다운 님프들은 니벨룽족의 난쟁이 알베리히가 나타나자 노래를 멈추고 편안했던 휴식 시간은 사라지게 된다. 늙은 난쟁이 알베리히 눈에 비친 라인강의 빛나는 황금은 이 세상 어떤 것보다 강렬하고 아름답다. 세 명의 님프들은 알베리히에게 그 황금으로 반지를 만들게 되면, 이 세상 그 무엇과도 바꿀 수 없는 강한 힘을 갖게 되고, 누구와도 싸워서 이길 수 있으며, 모든 사람이 반지를 낀 사람의 힘 앞에 무릎을 꿇게 된다고 말한다. 즉, 그 황금 반지는 절대 권력을 상징하는 것이다.

난쟁이 알베리히는 황금에 눈이 멀어 무조건 그 황금을 훔치려고 하는데, 님프들은 그 황금을 갖게 되면, 저주를 받아 사랑을 죽을 때까지 얻지 못하게 된다고 경고한다. 절대 권력과 강력한 힘을 얻는 대신, 진정한 사랑은 영원히 포기해야 하는 운명이 바로 황금의 대가인 것이다. 그러나 난쟁이 알베리히는 님프의 경고에도 아랑곳없이 결국 라인강에서 발견한 황금을 훔쳐 도망가 버리고 만다.

진정한 삶의 의미나 행복에 대해서는 고민하지 않고, 막강한 힘을 가질 수 있는 황금에만 눈이 멀어 무조건 황금을 훔쳐야 한다는 생각을 한 것이다. 모든 사람이 "돈과 권력, 물질적 행복"만을 추구하며 살지는 않겠지만, 대다수의 사람이 경제적 성공과 물질적 안정만을 최고의 목표로 여기며 인생에서 절대 권력을 얻으면 분명 행복해질 것이라 믿는 경향이 있기에, 오페라는 그 태도를 꼬

집어 보여준다. 중요한 다른 많은 것들은 포기한 채 세속적인 성공 목표만을 추구하며 살아가는 인간의 모습이 1막에 등장하는 늙은 난쟁이 알베리히의 모습과 많이 닮았다.

2막 합법적 수단과 성공목표 간의 갈등

2막에서는 하늘에 사는 신들의 이야기가 흥미롭게 전개된다. 보탄 왕은 신들 중에 가장 힘이 센 왕인데, 어마어마한 궁전을 건설하기 위해 두 명의 거인들을 고용하게 된다. 신들의 왕이라고 불리는 보탄 왕도 사실, 멋진 집을 짓기 위해서는 다른 신들의 도움이 필요한 듯하다.

보탄 왕이 원하는 궁전을 만들어주면, 두 명의 거인이 원하는 것을 다 해주기로 약속을 하고 궁전 공사가 시작된다. 그런데 문제는 집을 완성해 준 거인들의 요구이다. 궁전을 완성해 주는 대가로 바로 여신 프라이아를 넘겨달라고 하는 것이었다. 보탄 왕은 궁전을 멋지게 만들 욕심에 그만 "젊음의 기운"을 불어 넣어주는 소중한 여신 프라이아를 거인에게 넘겨주어야 할 상황에 처해 버렸다. 거인들이 궁전을 파괴할 수도 있기에 어쩔 수 없이 보탄 왕은 사랑하는 프라이아를 보내야만 하는 난처한 상황에 놓였다.

이러지도 저러지도 못하는 상황에서 보탄 왕은 자신이 데리고 있는 가장 똑똑한 부하 "로게"를 불러 이 상황을 현명하게 해결할 것을 명한다. 폭력을 통해 거인들과 싸움을 해서 이기는 것은 자신이 "약속을 지키지 않은 거짓말쟁이 신"이라는 소문만 무성하게 만들 우려가 있기에, 불의 신 "로게"를 이용해 조용하게 상황을 마무리하려는 것이다. 보탄 왕의 의도를 간파한 로게는 두 명의 거인이 여신 프라이아보다 더 간절히 원할 물건이 있는지 무엇인지 알아보기 위해 지상으로 내려가 상황을 알아본다. 그리고 절대 권력의 황금 반지라는 것이 실제 존재하고, 그것이 현재 늙은 난쟁이 알베리히 손에 있음을 알게 된다.

두 명의 거인에게 절대 권력을 얻고 세상의 모든 사람을 무릎 꿇게 만들 수 있는 마법의 황금 반지가 있다는 말을 하자, 거인들은 여신 프라이아와 그 반지를 맞교환할 수 있다고 말한다. 그러나 그 반지가 자신들의 손에 들어온다는 보장이 없으므로 보탄 왕에게 여신 프라이아를 당분간 인질로 잡고 있을 것이라고 말한다. 빠른 시간 내에 왕이 지상에 내려가 직접 그 황금 반지를 가지고 와야만 여신 프라이아를 돌려주겠다는 의도이다. 만약 그 반지를 보탄 왕이 직접 가지고 오지 않는다면, 여신 프라이아를 자신들이 영원히 데리고 있을 것이라고 말한다. 보탄 왕은 어차피 알베리히가 님프들로부터 그 황금을 절취한 것이기에 자신도 그 물건을 훔치면 된다고 생각하고 지상에 내려가 직접 알베리히를 만나 그 황금을 뺏기로 계획한다.

3막 너의 허영심과 욕심이 재앙을 부를 것이다.

보탄 왕과 부하 로게는 황금을 소유하고 있는 난쟁이 알베리히를 찾아 나선다. 지하 세계에서 막강한 부와 권력을 휘두르고 있는 알베리히는 많은 힘없는 니벨룽의 난쟁이들을 자신의 개인 노예처럼 부리며 사치스럽게 살고 있다.

1막에서 본 것처럼 사랑을 포기한 채 님프에게서 훔친 황금 반지의 힘으로 절대 권력을 악용하며 살고 있는 것이다. 심지어 황금이 가진 마법의 힘을 이용해 알베리히는 자신의 모습을 동물로 변형시킬 수 있는 "마법의 투구"까지 쓰고 있다.

보탄 왕과 로게가 알베리히를 찾아갔을 때, 알베리히는 자신이 투명인간도 될 수 있는 엄청난 힘을 갖고 있다며 신 앞에서 한껏 자랑을 늘어놓는다. 이때 로게가 꾀를 내어 알베리히에게 "정말 커다란 용에서 작은 두꺼비로 변신하실 수 있는지 보여 주십시오" 라고 청하자, 그것이 속임수인 줄도 모르고 자신의 마법을 뽐내고 싶은 마음에 진짜 자신의 몸을 용에서 두꺼비로 변신시켜 버린다. 보탄 왕은 이때를 놓치지 않고 두꺼비를 잡아 알베리히가 더 이상 마법을 부리지 못하게 하여 황금을 빼앗아 버린다.

어찌 보면 절대 권력이라는 막강한 힘을 갖게 되었지만, 알베리히는 그 힘으로 인해 자기 자신을 객관적으로 보지 못하게 되고, 허영심에 부풀어 보탄 왕에게 황금을 빼앗기게 되었다. 아이러니하게도 타인 위에서 함부로 권력을 휘두르는 삶을 살게 되면, 자신이 위험에 노출되는 상황을 객관적으로 평가하지 못해 오히려 더 위태로운 상황에 처해질 수 있다. 알베리히는 누구도 자신의 힘을 막을 수 없다는 오만함과 자만심 때문에 로게의 말에 별생각 없이 작은 두꺼비로 자신의 몸을 바꾸어 버렸다. 결국 그런 판단 착오로 인해 자신이 아끼던 황금을 보탄 왕에게 전부 빼앗기게 되고, 오히려 목숨이 위험해진 것이다.

4막 절대 권력은 결국 절대 재앙을 몰고 온다.

4막은 오페라 라인의 황금의 마지막 장이다. 여기에서는 보탄 왕은 알베리히가 갖고 있던 황금을 모두 빼앗고, 마법 투구도 빼앗아 버린다. 자신이 갖고 있던 모든 권력을 빼앗긴 알베리히는 현실을 받아들일 수 없어 비참함 속에서 "저주"를 내리게 된다. 오페라 리골레토에서 꼽추 주인공에게 "딸을 잃는 슬픔"의 저주가 내렸듯이, 황금의 반지에서도 "모든 것을 잃는 슬픔"의 저주가 절대 권력을 상징하는 황금의 주인에게 내려지게 된 것이다. 즉, 황금의 반지를 소유하는 사람은 저주로 인해 엄청난 고통을 겪어내야 할 운명을 지게 된다.

알베리히가 자신이 빼앗긴 반지로 인해 너무 큰 좌절을 겪었기에 그 반지에 "고통과 괴로움"이라는 저주를 내렸다고 볼 수 있다. 한편으로 생각하면, 권력과 재물이라는 것이 반복적으로 사람들 간의 오해와 미움, 갈등, 복수를 낳게 하고, 폭력과 잔인함을 불러오기에 알베리히의 저주가 절대 권력과 함께 하는 피해갈 수 없는 운명을 상징적으로 보여준다고 하겠다. 황금의 반지는 막강한 힘과 절대 권력을 소유한 사람들이 그 힘으로 인해 결국 타락하게 되고, 타인들과 갈등을 겪으면서 주변 사람들까지도 계속해서 분노와 좌절을 경험하게 만든다는 것을 보여준다. 즉, 그것을 소유하기 전에 어떤 재앙이 따를지 분명히 생각해 보고 소유 여부를 신중히 판단하라는 사전 경고를 하고 있다.

이 오페라의 반전은 보탄 왕의 변심 과정이다. 막상 알베리히의 황금을 접수하고 보니, 보탄 왕은 내심 여신 프라이아보다 절대 권력이 더 멋져 보인다고 생각한다. 젊은 신 프라이아보다 권력을 소유하는 것이 더 매력적인 일이라고 믿게 되어, 거인에게 황금을 주고 프라이아를 찾아오는 것이 어리석다고 느끼는 것이다. 결국 보탄 왕도 마법의 반지 앞에서 욕망을 던져 버릴 수 없었던 것일까?

거인들과 했던 약속과 달리, 황금의 반지를 자신이 소유하고, 인질로 잡힌 여신 프라이아를 그냥 거인들에게 주는 편이 나을 것 같다고 생각한 보탄 왕을 보면, 어느 누가 물질적 성공과 절대 권력 앞에서 냉철하게 행동할 수 있을지 의문이라는 생각을 갖게 만든다.

다행히 전 부인 에르다(땅의 여신)가 나타나 황금의 반지를 거인들에게 건네주라는 충고를 하게 된다. 보탄 왕과 여신 에르다는 과거에 헤어진 연인 사이이지만, 둘의 관계는 비즈니스 차원에서 여전히 좋은 친구처럼 보인다. 땅의 여신 에르다는 보탄 왕에게 황금의 반지를 소유하면 안 된다고 하며, 황금보다는 여신 프라이아가 더 소중하다는 사실을 일깨워준다. 여신 에르다를 충고를 듣고, 정신을 차린 보탄 왕은 아깝지만, 약속을 지키겠다는 마음으로 황금을 두 거인에게 건네준다.

그런데 신기하게도 황금을 받은 두 거인이 절대 권력을 사이좋게 나눠 갖는 것이 아니라, 서로 자신이 독점하겠다고 싸우기 시작한다. 원래 형제였던 두 거인이 황금이라는 절대 권력을 앞에 놓고 싸움을 시작하면서 한 명이 다른 거인을 죽이게 되는 비극이 벌어진 것이다. 결국 알베리히의 저주가 현실로 바뀌면서 황금을 소유한 사람은 불행해질 수밖에 없는 운명을 갖게 된다.

우리는 남들보다 더 많은 돈을 벌고, 경제적으로 큰 성공을 얻기 위해서 때로는 불법적인 행동들도 선택하며 무조건 승자가 되려고 한다. 그러나 타인의 권리를 침해하는 무조건적인 성공 욕구와 부에 대한 강한 집착은 자기 자신의 불행을 자초하는 길이기도 하다. "불법적인 수단"을 함부로 사용하게 되고, 타인의 권리를 침해하는 범죄 행위도 저지르게 되어 자신의 불행도 앞당기게 되어 결국 황금의 반지를 소유한 것이 파멸을 초래하는 이유가 되기도 하는 것이다.

　오페라 '라인의 황금'이 보여주는 두 거인의 마지막 비극은 과도한 물질적 성공의 집착과 절대 권력을 향한 욕망이 어떻게 잔인한 범죄 행위로 연결될 수 있는지를 보여주는 사례가 된다. 지금부터는 성공목표와 합법적 수단 간의 괴리를 범죄 원인으로 설명하는 머튼(R. K. Merton)의 아노미/긴장이론과 갈등이론에 대해서 살펴본다.

오페라 속 범죄학

머튼의 아노미/긴장이론(Anomie/Strain Theory)

사회구조주의 범죄학에 속하는 머튼(R. K. Merton)의 아노미/긴장이론은 기본적으로 인간의 욕망이 사회화 과정에서 학습된 것이라고 보았다. 인간이 가진 욕심은 타고난 본능으로 끝없이 증가하는 것이 아니라, 인간이 만든 사회구조 속에서 하나의 "성공"이라는 가치를 내면화하면서 대다수의 개인이 추구하게 된 일종의 사회화 된 가치라고 설명하였다. 1897년 사회학의 아버지로 알려진 뒤르켐(E. Durkehim)이 인간의 욕망은 본능적이고 그 끝을 알 수 없는 무한한 것이라고 지적한 것과는 다소 상반되는 입장이다(Brown, et al., 2014).

보통 아노미는 사회 규범이 제대로 작동하지 않을 때 나타나는 무규범 상태의 혼란 상황을 의미한다. 무엇이 옳은 규범 기준인지 명확하지 않을 때 개인들은 자신의 정체성에 혼란을 느끼게 되고, 무규범 상태로 말미암은 자살 등의 문제 행동을 저지를 수 있다. 더 나아가 자신의 열망과 현재 상황이 일치하지 않을 때 아노미로 인한 문제 행동이 나타날 수 있다. 자신이 기대하는 모습과 객관적인 자신의 능력 및 상황이 서로 충돌하는 모습을 보일 때, 무엇이 믿고 따라야 할 올바른 규범인지 판단하기 어려워지는 것이다.

이러한 가정 하에서 머튼은 1938년에 뒤르켐의 이론을 새롭게 변화, 발전시킨 아노미/긴장이론(Anomie/Strain Theory)을 발표했다. 성공목표와 합법적 수단 간의 불일치로 인해 한 개인에게 아노미 상태가 유발될 수 있고, 긴장이라는 부정적 감정이 생겨난다고 본 것이다. 한 사회가 모든 개인에게 경제적 부의 축적만을 강조하게 되면, 인생의 행복이나 성공이 "돈"을 모으는 일로 단순화된다. 어떻게 해서든 비싼 차와 대저택을 소유한 사람이 되어야 소위 성공한 사람으로 인정받게 되고, 행복을 누릴 자격이 있는 사람이라는 인식이 만연해지는 것이다. 바로 한 사회가 개인에게 강조하는 "문화적 성공목표"가 만들어진다고 볼 수 있다.

아쉽게도 이 문화적 성공목표를 실제 달성할 수 있는 사람들은 많지 않다. "합법적 수단"을 충분히 가진 사람만이 문화적 성공목표를 달성할 수 있는데, 합법적 수단은 소수의 사람에게 몰려 있다. 다양한 능력과 자원, 환경이 합법적 수단이라고 할 수 있는데, 어릴 때부터 형성된 좋은 인맥과 교육환경, 가정 상황, 경제적 여건 및 참여 기회 등이 모두 합법적 수단에 포함된다(Brown, et al., 2014).

달리 말하면, 합법적 수단은 하류층 사람보다는 상류층 사람들에게 더 많이 분포되어 있다. 성공목표를 달성할 수 있는 노하우와 인적 네트워크, 경제적 지원세력 등이 상류계층에 더 많이 포진되어 있기 때문에 아노미/긴장이론의 범죄 주체는 중상류층보다는 상대적으로 하류층에 집중된다. 머튼이 범죄학의 연구 대상으로 삼은 집단들도 주로 하류층이라고 하겠다. 하류계층이 느끼는 긴장감은 범죄 유발의 직접적인 원인이 되기도 한다. 부의 축적을 향한 성공 목표를 상류층과 동일한 수준에서 느끼고 있으나, 그 성공 목표를 달성하기 위한 수단은 충분히 갖고 있지 않기에 그 괴리가 일종의 "아노미"로 작동하여 긴장감을 유발하게 된다(Brown, et al., 2014).

머튼에 따르면, 긴장이라는 부정적 감정이 무조건 "범죄"로 연결되는 것이 아니라, 하나의 적응양식으로 다양하게 표출될 수 있다. 동조형과 혁신형, 의례형, 은둔형, 반항형이라는 다섯 가지 적응양식이 존재하는데, 긴장 이후 개인이 어떤 적응양식을 선택하느냐에 따라 범죄 발생 가능성도 달라진다.

동조형(Conformity)은 문화적 성공목표를 유지함과 동시에 합법적 수단도 함께 균형감을 맞춰 유지해 나가는 건강한 적응양식을 말한다. 아무리 힘든 역경이 있어도 부의 축적과 성공을 위해 합법적인 제도화된 수단만을 이용해서 열심히 하루하루를 준비해 가는 대다수의 일반 사람들이 여기에 해당한다.

혁신형(Innovation)은 성공목표를 얻기 위해 어쩔 수 없이 불법적인 수단을 사용하는 사람들이다. 공무원 시험에 합격하기 위해 한밤중에 공무원 청사 건물에 무단으로 침입하여 범죄를 저지르는 사람이 여기에 해당한다. 성공을 위해서라면 어떤 행동도 할 수 있고, 그 불법 행동도 결과만 좋으면 다 합리화될 수 있다고 생각하는 범죄자들이 전형적인 혁신형 적응양식의 사람들이다.

의례형(Ritualism)은 성공목표를 포기하고, 합법적 수단만을 고수하며 살아가는 사람들이다. 무조건 성공하고 출세해야 한다는 사회 속에서 성공목표를 낮추거나 새롭게 만들어 긴장 상황을 모면하려고 하는 적응양식을 의미한다. 만약 승진 일정을 앞 둔 경쟁적 삶을 살아야 하는 관리자가 갑자기 자신의 행복은 승진이 아니라, 경제적으로 좀 힘들어도 정시 퇴근 이후의 여유 있는 삶이라고 주장하며 하루하루 경쟁을 포기하고 느긋한 일상을 유지해 간다면 전형적인 의례형 적응양식을 택한 삶이라고 말할 수 있다.

은둔형(Retreat)은 문화적인 성공목표를 포기함과 동시에 합법적 수단을 모두 포기한 적응양식이다. 성공에 대한 열망도 없이 불법적인 수단에 기대어 일상을 낭비하듯 보내는 사람이 여기에 해당한다. 주거부정자나 마약중독자와 같이 경제적 성공에 대한 희망을 포기하고, 하루하루를 알코올 중독 등의 문제 행동이나 피해자 없는 범죄를 저지르며 보내는 사람들이 은둔형 적응양식의 범죄자에 해당한다.

반항형(Rebellion)은 기존의 문화적 성공목표를 거부하고 자신이 중요시하는 새로운 가치관의 성공목표를 추구하는 적응양식을 말한다. 성공이 부의 축적을 의미하는 것이 아니라 새로운 공동체 형성이나 종교관 전파 등을 의미할 수 있고, 일반인들의 기대나 생각과는 전혀 다른 가치관을 추구하는 삶이 될 수 있다. 반항형은 성공목표를 위해 얼마든지 불법적 수단에 의지할 수 있다. 다시 말해 반항형 적응양식을 택한 사람들은 필요한 경우, 자신의 목표를 관철하기 위해 맹목적인 폭력과 파괴 행위를 하나의 적절한 성공목표 쟁취 수단으로 활용하기도 하는 것이다. 불평등한 사회구조에 반기를 들고, 새로운 이상 사회를 건설하기 위해 극단적인 폭력을 저지르는 테러집단도 하나의 반항형 적응양식에 속하는 범죄자들이다(Brown, et al., 2014).

오페라 라인의 황금에 등장하는 인물들은 다양한 적응양식을 보여주고 있다. 황금의 절대 권력 앞에서 보탄 왕도 알베리히와 같이 사랑하는 사람을 포기하고 반지를 소유하고 싶어 했으나, 나중에는 반지를 포기하는 적응양식을 보였다. 반면, 두 명의 거인 형제는 서로 황금을 독차지하겠다고 상대방에게 살인을 저지르는 적응양식을 보였다. 처음에는 황금을 쟁취하여 절대 권력을 소유하겠다는 성공 목표는 모두 동일했지만, 그 적응양식은 캐릭터마다 상이했다고 볼 수 있다.

적응양식을 아노미/긴장이론 차원에서 정리해 보면, 1막에서 알베리히는 님프들의 보낸 경고를 무시하고 절도죄를 저질러 황금을 불법적으로 소유했다. 즉, 혁신형에 속하는 적응양식을 보였다고 하겠다. 4막에서 보탄 왕도 황금을 소유하고 싶은 마음에 거인들과의 약속을 어기려고 했으나, 땅의 여신이 들려준 충고에 따라 황금을 거인들에게 건네주었다. 즉, 범죄를 저지르지 않고 원래의 약속을 지킨 것이다. 어찌 보면, 보탄 왕은 절대 권력이라는 성공목표를 포기하고, 청춘을 되살려주는 대체 목표(여신)를 선택함으로써 합법적 수단에 의지하는 의례형의 적응 양식을 보여주었다고 분석할 수 있다. 두 거인은 알베리히와 같이 성공목표, 즉 반지를 소유하기 위해 살인이라는 불법 행동을 취했기에 적응 양식 중 "혁신형"에 해당하는 범죄를 저질렀다고 말할 수 있다.

갈등이론

범죄학에서의 갈등이론은 사회학의 갈등이론과 크게 다르지 않다. 사실 범죄란 갈등으로 만들어진 산물이기에 범죄의 원인이 곧 갈등이라고 말할 수 있다. 범죄원인론에서는 이러한 갈등이 일어났을 때 각각의 사람들이 어떻게 다르게 대처하는지에 대해 탐구하고 있다. 이렇게 말하면 너무 삭막하게 들릴지도 모르겠지만 사람이 두 명 이상 모이게 되면 발생하는 것이 범죄이다. 그 원인에 바로 갈등이 있는 것이다.

갈등이론은 마르크스(Marx)의 계급이론에서 시작한다. 마르크스는 자본주의 사회의 계급에 관해 설명하며 사회는 크게 지배 계급과 피지배 계급의 두 가지 계층으로 나누어진다고 하였다. 이로 인한 다양한 사회학적, 경제학적 설명이 전개되었다. 범죄학적으로 마르크스의 이론을 설명하면 범죄의 원인도 바로 이 계급의 차이 때문에 나타나게 된다. 피지배계층에 대한 지배계층의 통제시도가 규칙과 법률이라는 것을 만들고 그렇게 생겨난 법률을 어기면 그것이 범죄가 된다는 설명이다. 특정 계층의 규범은 법으로 만들어지는 반면, 다른 집단의 규범은 법제화되지 않기 때문에 사회는 특정계층을 위해서 만들어진 법률로 다른 집단을 통제하게 된다는 것이다.

조금 어렵게 느껴질 수도 있지만, 갈등이론의 핵심은 경제력의 차이가 갈등을 만들어내고 범죄의 원인으로 작용한다는 점이다. 자본주의라는 새로운 경제 형태로 인해 사람들은 도덕성보다 경제적 가치를 더 중요하게 여기게 된다. 이에 갈등이론가들의 설명은 자연스럽게 사회주의로 연결되기도 한다.

퀴니(Qyinney)도 갈등이론가 중 한 명으로 범죄를 자본주의가 만들어낸 갈등의 산물로 설명하였다. 퀴니에 따르면 자본주의하에서 범죄는 반드시 피지배계층만 저지르는 것이 아니며 지배 계급도 자신이 가지고 있는 이익을 지키기 위해서 자본가계층의 기관을 통해 범죄를 저지르며 피지배 계급은 자본가 계급으로부터 받은 억압에서 살아남기 위해 범죄를 저지른다고 설명하였다.

국가와 정치체제에 국한된 갈등이론은 이후에 집단과 집단의 갈등에 대한 설명으로 이어졌다. 사실 오늘날에는 자본주의로 인한 갈등이나 계급으로 인한 갈등에 대한 설명보다는 다양한 성격을 가진 여러 집단의 갈등에 대한 설명이 더 공감이 갈 것이다. 셀린(Sellin)은 다원주의 갈등이론을 주장하며 두 가지 갈등 상황을 설명하였다. 첫 번째 갈등 상황은 일차적 문화갈등으로 서로 상이한 성격을 가진 두 문화가 충돌하며 발생하는 갈등 상황을 말한다. 이러한 갈등은 식민지화나 이민 등으로 민족이 서로 부딪히거나 섞이는 과정에서 발생한다. 두 번째 갈등 상황은 이차적 문화갈등으로 동일한 성격을 가진 문화에서 발생하는 갈등 상황이다. 하나의 고유한 규범을 가진 문화가 서로 다른 상이한 문화를 가진 문화로 분화될 때 발생하는 갈등으로 종(縱)적 갈등을 의미한다.

이러한 갈등이론은 현대 사회에 일어나는 증오범죄에 관해 설명을 가능하게 한다. 인종, 성별, 성 정체성 등이 다르다는 이유로 무차별적으로 가해를 하는 증오범죄는 얼마 전까지는 우리나라와는 먼 이야기였지만, 최근 들어 우리나라에서도 다른 문화와 다른 성별에 대한 무조건적 배척을 동기로 하는 범죄들이 발생하고 있어 심각한 사회문제로 떠오르고 있다.

오페라 라인의 황금에서는 끊임없는 갈등상황이 발생한다. 갈등이론에서 설명하는 대로 이 갈등의 원인은 모두 경제적인 문제이다. 황금을 가지기 위해 양심과 도덕심을 버리는 일은 소외되어 살아가던 난쟁이 알베리히에게만 나타나는 현상이 아니다. 신들 중에 가장 힘이 센 보탄 왕도 황금 앞에서는 사랑도 양심도 버리는 모습을 보여주고 있다. 갈등이론에서 설명하는 대로 경제적인 이익만을 원하게 되는 사회에서 피지배 계급의 계층이 지배 계급으로부터의 억압에 눌려 살아남기 위해 범죄를 저지를 수 있다. 동시에 신과 같은 지배 계급은 자신의 지위를 지키기 위해 범죄를 저지르는 모습을 작품 속의 등장인물을 통해 보여주고 있다.

오페라 속 범죄유형

절도죄

오페라 라인의 황금 1막에서 난쟁이 알베리히는 님프들이 지키고 있던 라인강의 황금을 훔쳐 달아난다. 님프들이 점유하고 소유했던 황금을 몰래 훔쳐 달아났기에 분명 "절도죄"로 처벌받을 수 있는 대목이다.

그런데 3막에서 이번에는 보탄 왕이 알베리히가 훔친 그 황금을 다시 빼앗아 하늘로 달아나 버린다. 이 둘은 각각 어떤 죄로 처벌받아야 하는가? 답을 말하자면 절도죄이다. 보탄 왕의 경우 알베리히가 가지고 있던 황금은 어차피 알베리히의 것이 아니니 나는 절도를 한 것이 아니라고 자신의 죄를 합리화할 수도 있을 것 같다. 하지만 황금은 여전히 절도죄의 성립요건에 나오는 타인의 재물이다. 한번 훔쳤다고 해서 주인 없는 물건이 되는 것은 아니기 때문에 모두 절도죄가 성립된다.

형법

제329조 【절도】 타인의 재물을 절취한 자는 6년 이하의 징역 또는 1천만 원 이하의 벌금에 처한다.

제330조 【야간주거침입절도】 야간에 사람의 주거, 간수하는 저택, 건조물이나 선박 또는 점유하는 방실에 침입하여 타인의 재물을 절취한 자는 10년 이하의 징역에 처한다.

제331조 【특수절도】 ① 야간에 문호 또는 장벽 기타 건조물의 일부를 손괴하고 전조의 장소에 침입하여 타인의 재물을 절취한 자는 1년 이상 10년 이하의 징역에 처한다.

② 흉기를 휴대하거나 2인 이상이 합동하여 타인의 재물을 절취한 자도 전항의 형과 같다.

형법에서는 일반 절도죄 이외에도 상황에 따라 형량을 강하게 처벌하는 조항을 두고 있다. 절도죄는 이전에는 살기 위해 저지르는 생계형 범죄로 구분되기도 하였으나, 최근에는 생계형으로 저지르는 절도죄보다는, 쾌락을 목적으로 하거나 다른 범죄와 함께 일어나는 경우가 많다. 오히려 최근에는 먹을 것이나 유아용품 혹은 적은 돈을 훔치는 생계형 절도죄는 시민들이 국가에 선처를 호소해 주는 경우도 나타나고 있다.

이 경우 재산범죄로 타인의 재물에 대해 손해를 끼치는 죄로 사람의 신체를 대상으로 하는 범죄와 다르게 특별한 조항이 붙어있는 죄이기도 하다. '친족상도례'라고 하여 일부 재산범죄에 붙어있는 조항은 일정한 범위의 가족에 한하여 그 죄를 저질러도 죄를 면제해 주는 법률조항이다. 직계혈족이나 배우자 혹은 같이 사는 가족사이라면 재물을 훔쳐도 처벌하지 않는다는 조항이다.

> **형법**
> 제344조 【친족 간의 범행】 ① 단순절도죄의 경우 직계혈족, 배우자, 동거친족, 동거가족 또는 그 배우자간의 죄는 그 형을 면제한다.

조항은 가족 사이에 일어난 문제에 대해서 법의 개입보다 원만한 해결을 바라는 전통적인 사상의 영향이 반영된 것이나, 최근 들어 친족 간의 범죄가 많아지고 또한 가족이 아닌 후견인으로 지정된 자의 횡령 등의 문제로 인해 친족상도례는 없어져야 한다는 목소리가 나오는 상황이다.

장물취득죄

장물죄에 대해 살펴보기 위해서는 장물이라는 개념을 먼저 알아야 한다. 장물이란 절도, 강도, 사기, 횡령 등의 재산 범죄에 의하여 불법으로 취득한 타인 소유의 재물을 의미한다. 여기서 기억해야 할 것은 장물이라는 것이 모든 범죄로 얻은 물건이 아니라, 재산범죄로 인해 획득한 재물만을 의미한다는 점이다.

장물에 대한 인식 또한 확정적 인식임을 필요로 하지 않고, 어느 정도의 미필적 인식만으로도 충분하다. 이 말은 곧 그 물건이 누군가에게 불법적으로 취득한 물건이라는 사실을 정확히 알지 못했다 하더라도 '혹시 훔친 물건인가?'라는 의심을 가지는 정도만으로도 장물죄가 성립한다는 것이다. 예를 들어, 청소년이 값비싼 귀금속을 금은방에 가지고 와서 팔겠다고 할 때는 그 귀금속이 그 청소년이 가지고 있을 물건이 아니라는 의심이 들어 설마 훔친 건 아닐 거야라고 생각하여 받아주었다 하더라도 장물죄가 성립한다는 것이다. 그러나 이 역시도 장물 취득

당시에 어느 정도 인식이 있어야 함을 의미하는 것이지, 취득 후 나중에 장물임을 뒤늦게 알게 되었을 때는 장물취득죄로 처벌받지 않는다.

이런 맥락에서 보면, 보탄 왕은 처음부터 알베리히가 님프에게서 황금을 훔쳤다는 걸 알고 접근했고, 그 장물의 성격도 바뀌지 않은 채 그대로 가져 왔기에 만약 돈을 주고 사들였다면 장물취득죄로 처벌받을지도 모른다.

형법

제362조【장물의 취득, 알선 등】① 장물을 취득, 양도, 운반 또는 보관한 자는 7년 이하의 징역 또는 1천500만 원 이하의 벌금에 처한다.
② 전항의 행위를 알선한 자도 전항의 형과 같다.

• **사회구조주의 범죄학**

사회구조주의에서는 사회의 특정 계층이 사회구조상의 문제에 압력과 긴장을 느껴 범죄를 저지르게 된다고 본다. 따라서 범죄학적 분석 단위는 미시적인 한 개인이 아니라, 하나의 거대한 사회계층이 포함된다. 사회가 안고 있는 빈곤문제, 실업문제, 인종차별 등의 문제가 사회구조상의 문제를 유발하게 되고, 그것이 범죄를 유발하는 근본 원인이 된다고 가정한다. 따라서 사회구조주의에서 말하는 특정 계층은 주로 하위계층을 의미한다.

• **사회과정주의 범죄학**

범죄의 원인을 설명하면서 분석 단위를 개인에 초점을 두어 한 개인이 맺고 있는 타인과의 상호작용, 사회화과정, 그리고 과거의 경험에 주안점을 탐구하는 범죄학파를 사회과정주의라고 한다. 사회과정주의 범죄학에서는 하류층에 속하는 특정 계급의 사람들만이 범죄를 저지르는 것이 아니라고 본다. 사회과정주의에서는 중상류층 사람들도 사회과정상의 상호작용 과정 내에서 발생한 복잡한 이유로 다양한 범죄를 저지를 수 있다고 가정한다. 무엇보다도 한 개인이 소중하게 생각하는 중요한 타자와의 상호작용이 특히 범죄 행동에 결정적인 영향을 미친다고 보는데, 여기에는 차별적 접촉이론과 문화갈등이론, 사회유대이론 등이 포함되어 있다.

• **중화기술이론(Techniques of Neutralization Theory)**

중화기술이론은 사회과정주의에 속하는 범죄학 이론으로써 범죄 행위는 범죄 수법을 학습하는 것뿐만 아니라, 불법 행동에 대한 가치와 태도, 합리화기제를 배우는 것이라고 본다. 자신의 행동을 사후에 합리화하고 "중화하는" 것도 일종의 범죄 학습이라고 볼 수 있어, 이러한 잘못된 중화기술로 인해 범죄가 반복된다고 가정한다. 책임의 부정, 손상의 부정, 피해자에 대한 부정, 비난자에 대한 비난, 더 큰 충성심에의 호소가 다섯 가지 유형의 구체적인 중화기술에 포함된다.

핵심개념

- 아노미/긴장이론
- 사회적 성공목표
- 제도화된 수단
- 동조형
- 혁신형
- 의례형
- 도피형
- 반항형
- 갈등이론
- 다원주의 갈등이론

오페라 속 아리아

- 「보라 자매들이여!(Lugt, Schwestern)」
- 「그럼 나는 사랑을 저주하련다(So verfluch' ich die Liebe)」
- 「태양의 눈이 저녁빛으로 빛나는구나(Abendlich strahlt der Sonne Aug)」
- 「거인 모티브」

바그너의 새로운 오페라

음악극[Musikdrama]

아리아와 레치타티보로 이루어지는 전통 이탈리아 오페라를 버리고 "음악극"이라는 새로운 양식을 선보인 바그너, 그는 영국의 톨킨이 "반지의 제왕"이라는 소설을 내놓기 백 년 전에 이미 라인의 황금이라는 걸작을 오페라로 만들어냈다. 이야기와 신화를 너무나 사랑했던 바그너는 나흘 동안 공연되는 "니벨룽의 반지" 네 작품 가운데 첫 작품으로 라인의 황금을 오페라 작품으로 올렸다. "발퀴레"와 "지크프리트" 그리고 "신들의 황혼"이 네 작품 전체에 해당하는 니벨룽의 반지 전체를 의미한다.

음악극은 전통 오페라와 달리 극시, 음악, 무용 발레를 한 작품 속에 모두 넣어 종합예술로 만들어 낸 뮤지컬 같은 작품이다. 일명 "뮤직 드라마"라고 불리기도 하는데, 연극과 음악, 무용이 하나의 연결형 테마로 구성되어 있어 기존의 전통 오페라와는 다른 분위기를 만들어 내는 종합무대 예술이다. 어찌 보면 우리나라 개화기의 창극이나 판소리도 동양의 음악극에 속한다고 볼 수 있다.

Q ● 생각해봅시다

1. 셀린의 다원주의 갈등이론에 대해 설명하고 이차적 문화 갈등이 우리 사회에서 어떻게 현실 속에서 발생하고 있는지 찾아봅시다.

2. 사회과정주의 범죄학과 사회구조주의 범죄학에 대해 비교, 설명해 봅시다.

3. 머튼(R. Merton)이 주장한 아노미/긴장이론에 대해 이야기하고, 머튼이 주장한 적응양식 다섯 가지를 범죄 행동과 연관지어 설명해 봅시다.

4. "라인의 황금" 오페라에서 아이디어를 얻은 관련 영화 및 줄거리들을 찾아봅시다.

5. 친족상도례가 무엇인지 설명해 봅시다.

05

카르멘

Carmen

"You ask the impossible.
Carmen has never lied.
Her mind is made up.
Whether I live or die,
I shall not give in to you."

" 사랑해서 그랬어…

카르멘

카르멘 오페라 이야기

스페인 여행을 다녀오는 사람들이 기념품으로 사 오는 엽서에 빠지지 않고 등장하는 그림이 있다. 바로 집시의 상징이라고 할 수 있는 플라멩코 춤을 추고 있는 여자의 그림이다. 새빨간 치마를 입고 머리에도 빨간 꽃을 한 송이 꼽은 채로 정열적인 눈빛으로 치맛자락을 휘날리며 춤을 추는 여자의 그림을 한 번쯤은 봤을 것이다. 그림을 보는 것만으로도 그 그림 속 집시여인의 자유로움이 느껴지는 그림일 것이다. 오페라 카르멘은 집시의 여인이 가지는 정열과 자유로움이 그대로 그녀와 남자주인공 호세의 사랑에 드러나는 작품이다. 오페라에 큰 관심이 없었던 사람이라 할지라도 빨간색 치마를 입은 여인이 부르는 카르멘의 아리아, "사랑은 제멋대로인 한 마리 새"를 들으면 친숙할 것이고, 카르멘 못지않은 열정을 가진 빨간 망토의 투우사 에스카마요가 부르는 아리아, "투우사의 노래"에 어깨를 들썩이게 될 것이다.

조르주 비제(Georges Bizet, 1838~1875)의 오페라 카르멘은 1875년 3월 파리에서 초연되었다. 비제의 연대를 보면 비제의 사망 연도와 카르멘이 초연된 해가 같은 해라는 것을 알 수 있다. 비제는 그가 자신의 작품 중에서 가장 위대하다고 생각했던 작품인 카르멘이 초연된 지 3개월 만에 세상을 떠났다. 안타깝게도 카르멘은 초연당시에 많은 비난을 받았다. 여주인공 카르멘의 행동과 대사는 그 당시 받아들여지는 전통적인 여성의 이미지와는 너무 달랐고 선정적이었기 때문이다. 오페라를 즐겨 보는 계층은 사회적으로 지위가 있었기 때문에 품위 있는 문화생활을 즐기기 위해 극장을 찾아온 관객들은 오페라의 여주인공 카르멘에게 큰 거부감을 나타냈다고 한다. 이런 이유로 우리가 오페라에서 만나는 카르멘은 원작 소설의 카르멘과 비교하면, 관객을 고려하여 원작의 이미지와 다르게 많이 순화된 인물로 그려진 것이다.

우리나라를 비롯한 아시아에서는 역사적으로 집시라는 집단과의 갈등이 없었기 때문에 집시에 대한 이미지가 자유롭고 열정적인 것으로 인식되고 있어 특별히 거부감을 느끼지는 않는다. 최근에는 인터넷 쇼핑몰에서도 집시라는 표현을 흔하게 접할 수 있는데, 기하학적 패턴이나 색상이 화려한 옷 혹은 장식이 많이 달린 장신구를 집시패션, 집시 스타일이라는 이름으로 부르기 시작하여 하나의 트렌드 표현하는 대명사처럼 쓰이기도 한다. 하지만 유럽에서의 집시는 단순히 패션의 한 부분을 뜻하

는 단어가 아니다. 특정한 어떤 민족을 뜻하는지에 대해서는 다양한 주장이 나오고 있지만, 역사적으로나 정치적으로 특정한 국가나 사회에 소속되지 않고 떠돌이 생활을 하는 사람들을 지칭하는 용어로 쓰이는 만큼 유럽에서는 집시를 부정적 이미지로 인식하여 그들에 대한 차별이 존재하기도 한다. 집시는 유럽에서 유대인보다도 더 심하게 천대와 박해를 받아온 소수민족의 하나로 이들은 살던 땅에서 내몰린 뒤 유럽 전역으로 퍼져나가며 떠돌이 생활을 했다. 이들 집시는 어느 나라에서든 사회에서 정상적인 직업을 가질 수 없도록 법적 제한을 받았기 때문에, 남들이 하지 않으려는 노동으로 생계를 이어가거나 암거래, 밀수로 살아갈 수밖에 없었다. 그러다 보니 한곳에 정착하지 못하고 끝없이 도피, 유랑생활을 계속하게 된 것이다.[1] 요즘에도 유럽여행에 대한 가이드북을 펼치면 집시들의 소매치기를 주의하라는 설명이 종종 등장하기도 한다. 집시가 어떤 존재로 받아들여지는지와 별개로 오늘날 카르멘은 전 세계로부터 사랑받는 오페라가 되었고, 카르멘은 가장 매력적인 오페라의 여주인공으로 손꼽히고 있다.

> *"나 같은 여잔 못 봤겠지.*
> *한 번도 본 적 없을 거야.*
> *지금껏 지켜온 약속을 모두 배신하게 하는 그런 여자."*

> *"나 같은 남잔 못 봤겠지.*
> *한 번도 본 적 없을 거야.*
> *지금껏 지켜온 약속을 절대 배신하지 않을 그런 남자."*

뮤지컬 카르멘 「나 같은 여자」 중에서.

---

1 [네이버 지식백과] 비제, 카르멘 [Georges Bizet, Carmen] (클래식 명곡 명연주).

카르멘은 뮤지컬로도 약간의 각색을 거쳐 전 세계적으로 공연이 되었다. 뮤지컬 카르멘에 나오는 '나 같은 여자'의 노래 가사는 이 오페라의 남녀 주인공 호세와 카르멘의 성격을 잘 드러내 주고 있다. 이들은 정말 서로에게 한 번도 본적 없는 상대가 되어 비극적인 스토리를 전개한다.

1막 비극적인 만남의 시작

1막의 오페라가 시작되는 첫 배경은 담배공장이다. 이 시대 담배공장은 노동환경이 매우 열악하여 사회적으로 낮은 계층의 사람들도 일하기 꺼릴 정도였다고 한다. 휴식시간이 되자 담배공장에서 일하는 여성들이 밖으로 나온다. 여성 노동자들이 나오자 담배공장 앞의 경비를 서며 서성이던 군인들이 술렁이기 시작한다. 군인들과 웃고 떠드는 아가씨들 사이에서 혼자서 돋보이는 여인이 한 명 있다. 바로 여주인공 카르멘이다. 서성이던 군인들은 어떻게든 매력적인 카르멘을 유혹해 보려 하지만 카르멘은 눈길조차 주지 않는다. 하지만 그 군인들 사이에서 카르멘에게 전혀 관심이 없는 군인이 한 명 있다. 바로 남자주인공 호세이다. 그는 원칙만 고수하는 답답한 성격의 소유자로 결혼을 약속한 약혼녀도 있다. 카르멘을 호세를 향해 아리아를 부르지만 호세는 여전히 냉담하다.

갑자기 소란이 일어난다. 공장에서 일하는 여성들끼리 싸움이 벌어진다. 카르멘은 다른 여자와 주먹을 휘두르며 싸움을 하다 결국 체포가 되고 호세가 그런 카르멘을 연행하게 된다. 카르멘은 계속해서 호세를 유혹하고, 결국 호세는 카르멘을 도망치게 도와주게 된다.

2막 사랑한적이 있긴 한가요?

2막의 배경은 마을의 한 술집이다. 카르멘은 제대로 된 일자리를 얻지 못해 술집에서 집시 친구들과 밀수나 도둑질 같은 일을 모의하며 지내고 있다. 호세는 계속해서 카르멘이 있는 술집에 드나든다. 그는 카르멘이 자신을 사랑하고 있다고 생각하고 카르멘의 곁에 머문다.

하지만 카르멘은 호세를 사랑한 적이 있긴 있는 걸까? 카르멘은 멋있고 열정적인 투우사 에스카미요만을 기다리고 있다. 에스카미요는 술집에 많은 사람을 데리고 들어오며 "투우사의 노래"를 부른다. 한눈에도 그는 열정적인 남자로 보인다. 카르멘이 아닌 어떤 여자의 마음도 사로잡을 수 있을 것이다. 카르멘은 이미 에스카미요에게 마음을 빼앗긴 것 같은데도 자신의 계획에 필요하다는 생각으로 호세를 유혹한다. 밀수패를 꾸리는데 군인인 호세가 함께하면 좋을 것 같다는 생각 때문이다. 호세는 아무것도 모른 채 카르멘을 따라 밀수패에 가담하여 불법적인 일을 하게 된다.

3막 잘못된 방향으로 흐르는 사랑

3막에서 카르멘은 호세에게 완전히 마음이 떠난다. 호세는 계속 카르멘을 만나러 오는 에스카미요와 싸움을 벌이기도 하지만 카르멘은 이런 호세를 미련하게 바라볼 뿐이다. 호세의 약혼녀 미카엘라가 호세를 찾아와 호세의 어머니가 위독함을 알리고 호세는 어머니를 만나기 위해 카르멘의 곁을 잠시 떠나지만 결국 고향도 약혼녀도 포기하고 다시 카르멘을 찾아오게 된다. 호세는 카르멘이 자신을 사랑한다고 굳게 믿고 있다.

4막 비극으로 마무리된 사랑

4막에서는 사람들의 환호
성이 들리는 투우장을 배경으
로 에스카미요와 카르멘이 등
장한다. 사이 좋아 보이는 두
사람을 지켜보는 호세는 잔뜩
화가 났다. 호세는 카르멘에
게 자신과 함께하자고 설득한
다. 카르멘에게 자신과 함께하면 떠돌이 생활을 그만두고 정착해
서 안정적으로 살 수 있다고 설득하지만, 카르멘은 비웃기만 할 뿐
이다. 카르멘은 에스카미요를 사랑한다며 호세를 뿌리친다. 호세
는 자신을 뿌리치고 가는 카르멘을 향해 칼을 뽑는다. 결국 자신의
칼로 카르멘을 살해한 호세는 피를 흘리며 쓰러진 카르멘을 부둥
켜 안고 울부짖는다. "오 나의 사랑하는 카르멘!"이라며 울부짖지
만, 카르멘은 이미 세상을 떠난 이후다.

사랑하는 여인을 칼로 찔러 죽이면서까지 호세가 얻으려 한 것
은 과연 사랑인지, 자신을 사랑하는 남자로부터 죽임을 당하면서
까지 카르멘이 지키려고 한 것도 과연 사랑인지에 대해 깊이 생각
해 보게 되는 결말이다.[2]

---

2 [네이버 지식백과] 카르멘 [Carmen] (OPERA 366, 2011. 6. 27., 한울아카데미).

오페라 속 범죄학

사회학적 범죄원인론

범죄의 원인이 개인이 가지는 개별적인 성향 때문이라고 주장하던 기존의 이론도 의미가 있지만 사회가 발전하고 사람들이 각자 소속된 커뮤니티의 종류가 많아짐에 따라 기존의 이론과 다르게 범죄의 원인을 사회적 영향력에서 찾으려는 움직임이 나타났다.

사회학적 범죄원인론에서는 개인의 개별적인 성향을 완전히 배제하지는 않지만, 개별적인 성향보다 그들이 속한 사회의 특성을 중요시하며, 개인과 사회의 상호작용에 관심을 집중하고 있다.

긴장이론의 개관

긴장을 범죄의 원인이라고 주장하는 긴장이론에 대해 설명하기 위해서는 긴장이라는 단어에 대해 먼저 생각해봐야 한다. 우리말로 '긴장'이라고 번역되어 쓰이고 있는 긴장이론의 원래 영어명칭은 'Strain Theory'이다. 여기서 쓰인 'Strain'이라는 용어에 대해 먼저 생각해보면 앞으로 설명할 긴장이론에 대해 이해하는 것이 수월할 것이다.

Strain이라는 영어단어의 사전적 의미는 명사로 쓰일 경우에는 '부담, 압박, 중압감'으로 설명되고, 동사로 쓰일 경우에는 타동사로 첫째, '무리하게 사용하다', 둘째, '잡아당기다, 팽팽하게 하다'라는 표현으로 설명된다.[3] 원래의 뜻을 살펴보면 우리가 사용하는 '긴장'이라는 단어와는 조금 다른 의미라는 것을 알 수 있다.

긴장이론에서 표현하는 '긴장'을 미리 간단하게 설명하자면, '이루고자 하는 목표와 그 목표를 이루기 위해 자신이 가지고 있는 수단 곧 능력이나 기회의 차이'를 의미한다. 대부분의 사람은 열망하는 목표를 가지고 있으며 이 목표들은 대부분의 사람들이 공통으로 추구하게 되어 개인의 차이가 크지 않게 된다. 하지만 목표를 이루기 위해 각자가 가지고 있는 수단은 개인적으로 큰 차이를 보이며 사람들은 이러한 차이로부터 '긴장'을 경험하게 된다. 사전적 의미로 다시 말하면 압박 혹은 부담감을 경험하게 되고 그로 인해 무리하게 되고 한계에 이르게 되거나 과도하게 사용하게 되는 것이다. 예를 들면, 머튼(Merton, 1968)이 1960년대 미국에서 긴장이론을 주장할 당시에는 미국 사회에서 대부분의 사람이 추구하는 공통된 목표는 부의 획득이라고 설명하였다. 누구나 부자가 되기를 원하지만 부자가 되기 위한 수단과 기회는 각각의 개인들이 다르게 가지고 있기 때문에 긴장이 발생한다고 설명하며, 이러한 긴장으로 인해 사람들은 비합법적인 수단으로 그 목표를

----

3 네이버 사전 참고.

달성하고자 한다고 하였다. 다시 말해, 부자가 될 수 있는 수단과 기회를 상대적으로 덜 가진 사람들은 절도나 강도와 같은 범죄를 저지르게 된다는 것이다.[4]

긴장, Strain이라는 단어에 대해 이해하고 긴장이론에서의 '긴장'이라는 단어를 표현하기 위한 우리가 흔하게 사용하는 단어를 고르자면 가장 유사한 단어는 '스트레스'라는 단어가 어울리게 된다. 이제 긴장이 범죄의 원인이라고 주장하는 긴장이론에 대해 생각을 해보면 의문이 하나 생길 것이다. 긴장, 곧 흔히 말하는 스트레스가 범죄의 원인이라면 이 세상에 범죄자가 아닌 사람이 있을까 하는 의문이 생기는 것이 당연하겠다. 스트레스 받지 않고 사는 사람은 없다는 것에 모두 동의할 것이다.

긴장이론에서 범죄의 원인은 학자마다 조금씩 다르게 정의하고 있기는 하나 한마디로 요약하자면 긴장 그 자체가 범죄의 원인이 아니라 긴장을 제대로 완화하지 못하여 발생하는 부수적인 감정적 요인들 때문이라고 정리할 수 있다. 스트레스를 받는 것이 범죄의 직접적인 원인이 아니라, 극도의 스트레스를 완화하지 못하는 상황이 범죄의 원인이 된다는 것이다. 따라서 긴장이론의 관점에서 보면 범죄자들은 개인적인 문제를 가진 것이 아니라 사회적으로 잘못된 상황에 놓여 있는 것이다. 교정기관이나 형사사법기관에서 범죄자를 보통의 사람으로 바라보며 긴장을 완화할 수 있는 분노조절프로그램이나 교육프로그램을 제공하는 것은 긴장이론이 범죄예방 정책의 다양화에 크게 기여한 부분이라고 할 수 있다.

---

4 Robert K, Merton, Social theory and Social Structure(1968), p. 193.

일반, 'general'의 의미

긴장이론은 범죄의 원인을 긴장에서 찾으려 했지만 머튼이 제시한 긴장이론에서 긴장을 주로 경험하는 대상은 사회적, 경제적으로 하류계층에 한정될 수밖에 없는 상황이었다. 머튼 이전에 긴장이론에 대해 설명하고자 했던 뒤르켐은 '아노미'라는 개념을 통해 사회에 발생하는 문제를 설명하고자 하였다. 머튼의 긴장이론은 뒤르켐의 아노미이론을 미국 사회의 당시 시대 상황에 맞게 설명한 것이라고 할 수 있다.

이들의 긴장이론에서는 사회에서 수단과 기회의 부족이나 차단으로 인해 긴장을 경험하는 것은 주로 하류계층이었다. 이전의 범죄학 이론과 마찬가지로 이들도 하류계층이 주로 범죄를 저지른다는 큰 함정에서 벗어나지 못한 상황이었다. 하지만 실제 범죄가 일어나는 상황은 그렇지 않았다. 하류계층이 아닌 사람들도 범죄를 저질렀으며, 모든 사람의 공통된 목표가 부의 획득 또한 아니었다. 경제적으로 중상층이 되는 것이외에도 다른 목표를 가진 사람들이 많았으며, 기존의 긴장이론에서는 그것에 대한 고려를 하고 있지 못했다는 비판이 이어졌다. 또한 긴장을 경험하는 많은 사람 중에서 극히 일부의 사람만이 범죄를 저지르게 된다는 점에 관해서도 설명하지 못하였고, 그 결과 긴장이론은 잠시 쇠퇴하는 시기를 겪게 된다.[5]

이러한 긴장이론에 대한 비판을 보완하여 에그뉴(Agnew, 1992)는 일반긴장이론을 발표하였다. 에그뉴의 일반긴장이론은 특정한 계층의 범죄만을 설명하는데 한정되지 않고 모든 계층의 범죄를 설명하겠다는 의지를 그 이론의 명칭에 직접 제시한 이론이다. 기존의 긴장이론이 특정한

----

5 Agnew. R. (1992), 'Foundation for a General Strain Theory of Crime and Delinquency', *criminology*, 30: pp. 475~499.

계층만을 설명한 이론이었다면, 에그뉴는 '보통, 일반적인'이라는 뜻을 가진 'general'이라는 표현을 이론의 명칭 앞에 붙임으로서 자신의 이론은 어느 계층이나 집단에 한정되지 않았다는 의지를 강하게 드러내었다. 범죄학뿐만 아니라 다른 학문에서도 'general'이라는 표현을 이론의 명칭으로 붙이는 것은 학자가 가지는 그 이론에 대한 애착을 보여주는 것은 물론 자신의 이론에 대한 대단한 자신감을 드러내는 것이다. 실제로 'general'이라는 표현이 명칭에 들어간 이론은 다른 이론에 비해 긍정적인 평가를 받고 있으며 이후에도 많은 학자에 의해 검증되기도 한다. 에그뉴의 일반긴장이론 또한 범죄학이론 중에서 손꼽힐 정도로 많은 검증이 이뤄졌고 최근까지도 많은 학자의 검증에 의해 긍정적인 평가를 받고 있는 이론이다.[6]

일반긴장이론

에그뉴가 주장한 일반긴장이론은 초기에는 긴장을 세 가지 유형으로 나누어 설명한다. 이들은 긴장을 어떤 계층의 사람이든 일상생활에서 경험할 수 있는 것으로 특별히 사회계층이나 문화에 특정되지 않고 모든 사람에게 나타나는 긴장이라고 주장하였다.

첫째, 긍정적 목표성취의 실패로 원하는 것을 이루지 못하는 상황을 경험하는 것을 말한다. 예를 들어 원하는 대학에 합격하지 못하였거나, 좋아하는 상대방으로부터 거절을 당했을 때와 같은 상황이다. 기대와 실제 성취 사이의 괴리로 인해 분노, 우울 그리고 좌절 등의 부정적 감

6 Mazerolle, P., Piquero, A. R., & Capowich, G. E. (2003), "Examining the links between strain, situational and dispositional anger, and crime further specifying and testing general strain theory", *Youth & Society, 35(2)*, pp. 131~157.

정으로 이어진다고 설명하였다.

둘째, 긍정적 자극의 소멸로 개인에게 중요한 사물이나 사람의 상실을 통해 나타난다. 예를 들어, 부모, 친구와의 이별이나 전학, 이사 등과 같이 환경적인 변화에 의해서도 설명할 수 있다. 긍정적 자극의 소멸의 경우 초기 긴장이론에서 주장한 긴장의 전통적 개념에서 말하는 사회적 계층 간의 괴리와 같은 개념에서 비롯된 것이나 일반긴장이론에서는 그 개념을 일반적인 대상으로 확장하여 개인적으로 부당하거나 불공평한 상황을 경험할 때에도 긴장이 발생한다고 설명한다.

셋째, 부정적 자극의 직면이다. 부정적 자극의 직면은 이후에 이루어진 많은 일반긴장이론의 검증연구에서 범죄 행동과 비행을 설명하는 데 있어서 가장 높은 관련성을 가진다고 지목하는 긴장요소이다. 부정적 자극의 직면은 기본적으로 피하고 싶은 상황을 마주하게 되는 것을 말한다. 피하고 싶은 상황이란 범죄피해를 당하거나 어린 시절 받은 아동학대와 같은 경험을 포함하고, 이 밖에도 개인이 경험하는 원치 않는 일을 해야 하거나 원치 않는 결과가 발생한 상황에도 긴장을 경험하게 된다.[7]

에그뉴는 긴장을 발생시키는 긴장유발요인들로 위의 세 가지 요소를 꼽았으며, 이러한 각각의 긴장유발요인들의 수준이 높아지면 분노, 좌절, 우울과 같은 부정적인 감정을 발생시키고 이러한 부정적인 감정을 적절히 해소하지 못하게 될 경우 범죄나 일탈 행동으로 이어진다고 설명하였다.

일반긴장이론에서 긴장은 부정적 관계로부터 비롯된다고 설명하며, 부정적 관계에 대해 "다른 사람과의 관계에서 자신이 받고자 하는 대우

---

7 Agnew, R., & White, H. R. (1992), "An Empirical Test of General Strain Theory", *Criminology*. 30(4). pp. 475~499.

를 받지 못할 때"라고 표현하였다.[8]

에그뉴는 경제적인 성공과 지위를 얻지 못하는 차이가 아닌 그가 받기를 원하는 대우를 다른 사람이 해주지 않는 상황에 집중했다. 이러한 상황에서 긴장이 발생하며 긴장은 실망, 우울, 두려움, 분노처럼 다양한 부정적 감정을 만들어 낸다. 일반긴장이론은 청소년들의 비행 행동을 설명하는 데 주로 사용되었다. 긴장이 유발하는 부정적인 감정을 다루는 기술 중에서 정상적인 행동보다 비행 행동이 더욱 성공적이라는 연구결과도 나왔다. 한 연구에서는 같은 수준의 긴장이 주어졌을 때 비행 행동을 한 청소년이 법을 준수한 청소년보다 부정적 감정들로부터 더욱 안도감을 느끼는 것으로 나타났다. 다른 연구에서도 분노의 감정이 폭력 범죄로 이어진다고 밝히기도 하였다. 긴장을 경험하면 긴장으로부터 발생하는 부정적 감정들이 일탈 행동과 긴장을 매개하고 있다는 것이다.[9]

일반긴장이론은 이론의 발표 이후 지속해서 그 범위를 확장해나갔다. 에그뉴는 개인이 긴장을 경험하는 경우를 직접 경험하는 긴장에 한정시키지 않고 간접적으로 경험하는 긴장과 예상되는 긴장을 포함하였다. 간접적 긴장은 자신이 직접 경험하지 않았더라도 가까운 사람에게 발생한 긴장이고, 예상하는 긴장은 아직 경험하지 못했지만 앞으로 발생할 것으로 예상하는 긴장을 말한다.[10]

----

8 신소라, (2015), "청소년의 긴장과 사이버불링의 가해 행동에 관한 연구", 동국대학교 대학원 박사학위논문.
9 이순래 외 역, 「이론범죄학」, 그린출판사.
10 Agnew. R, "Experienced, Vicarious, and Anticipated Strain: An Expoloratory Study on Physical Victimization and Delinquency", Justice Quarterly 19: pp. 603~632, (2002).

카르멘을 사랑한 호세의 긴장

오페라의 남자 주인공 호세는 카르멘을 사랑했지만, 결국 카르멘을 죽이는 인물이다. 답답할 정도로 원칙을 잘 지키고 어머니 말을 잘 듣던 호세는 왜 결국 범죄자가 됐을까?

긴장이론에서는 이루고자 하는 사회적 목표와 자신이 가진 수단 사이의 괴리로 인해 일탈 행동을 한다고 주장한다. 하지만 호세는 사회적으로 인정받는 군인이 되어 사회적 목표를 달성한 것이라 여겨진다. 호세가 경험하는 긴장은 일반긴장이론에서 주장하는 긴장과 더 가깝다. 에그뉴의 일반긴장이론에서는 사회적으로 하위계층이 아니어도 누구나 일상생활에서 긴장을 경험한다고 주장한다. 자신이 받고자 하는 대우를 받지 못할 때 발생하는 긴장이 바로 그것이다.

어린 시절 읽은 이솝우화 동화책에 나오는 여우와 두루미의 이야기를 기억하고 있는가? 여우와 두루미는 서로에게 자신이 아끼고 좋아하는 맛있는 것을 흔쾌히 내어주며 상대가 맛있게 먹어주길 기대하지만, 둘의 바람은 어긋나기만 한다. 여우는 얕은 접시에 맛있는 스프를 제공하여 두루미의 긴 부리로는 그저 먹을 수 없는 음식일 뿐이었고, 두루미는 목이 긴 병에 맛있는 생선을 대접하지만, 여우는 병 속의 생선을 지켜보기만 하였다. 성인이 되어 가끔 떠올려보면 이 이야기는 어린이가 읽기에는 너무 깊은 뜻이 있는 것 같기도 하다.

THE FOX AND THE GRAPES.

이 이야기는 사랑하는 사람에게 자신이 좋아하는 것을 아낌없이 주는 것과 상대방이 좋아하는 것을 주는 것에 대한 차이점을 생각해보게 하는 이야기였다.

오페라에서 호세와 카르멘 은 이솝우화의 여우와 두루미 처럼 서로에게 자신의 기준을 적용하기만 하는 모습을 보인 다. 카르멘은 자신과 함께 하 는 호세가 자유로울 것으로 생 각하고, 호세는 자신의 모든

것을 버리고 카르멘을 선택하고 사랑하게 된다. 호세는 당연히 카르멘도 자신처럼 다른 모든 것에 우선해서 자신만을 바라봐주기를 기대했을 것 이다. 하지만 카르멘은 호세의 기대를 충족시켜주지 못한다. 호세는 자신 이 받고자 하는 대우를 받지 못해 긴장을 경험하고 그로 인해 생긴 분노 와 슬픔을 적절히 해소할 겨를도 없이 다른 남자와 행복해하는 카르멘을 살해하게 된다. 결국 호세는 카르멘에게서 자신이 원하는 대우를 받지 못 해 긴장을 경험한 것이다.

오페라 속 범죄유형

데이트폭력

데이트폭력은 우리나라에서는 최근에 대두된 개념으로 이전에는 그런 용어가 없었다. "사람의 사고는 사람이 사용하는 언어에 의해 결정된다"는 사회학의 상호작용이론에서 주장하는 것처럼 우리나라에서도 데이트폭력이라는 단어를 많이 사용하면서 데이트폭력에 대한 사회의 관심도 높아지기 시작했다.

외국에서도 데이트폭력에 관심을 가진지 오래되지는 않았다. 데이트폭력이라는 용어를 처음으로 연구에 사용한 Makepeace(1981)는 결혼을 하지 않은 대학생 연인들 사이에서도 폭력 행위가 일어난다는 사실에 관심을 가져 이를 데이트폭력이라 부르고 그 실태에 대해 연구하였다. 초기의 데이트폭력 실태에 관한 연구는 여러 가지 연구의 한계로 그 수치가 9%~65%로 일관되지 않게 나타나기는 하였지만, 사회에 결혼 전의 연인들 사이에 발생하는 폭력을 인식시킨 것만으로도 그 의미가 있었다.[11] 초

---

11 Sugarman, D. B. ,& Hotaling, G. T. (1989). "Dating violence: Prevalence,

기의 연구 당시, Makepeace는 성폭력을 포함한 신체적 폭력만을 데이트폭력으로 한정 지었으나, 이후 많은 학자가 언어폭력 및 정서적 학대, 위협을 가하는 행동과 같은 심리적 폭력도 데이트폭력의 범주에 포함했다.

데이트폭력은 하나의 범죄유형으로 지칭되는 용어일 뿐이며 형법상 범죄로 규정된 항목이 아니다. 따라서 데이트폭력이 발생하여 경찰이 인지하게 되면 따로 데이트폭력이라는 범죄로 진행되지 않고, 그 행위에 해당하는 '폭력', '상해', '모욕' 등의 범죄로 분류되어 형사 절차가 진행된다. 예를 들어 '연쇄살인'도 실무자들과 일반인들이 범죄의 한 유형으로 인식하고 있으나 형법에 규정된 '살인의 죄'의 가중범이 될 뿐이다. 가정폭력도 이전에는 이런 식이었으나 사회적 심각성이 반영되어 가정폭력범죄의 처벌 등에 관한 특례법이 제정되어 특정범죄로 자리 잡게 되었다. 우리나라에서는 실무상 개념으로 경찰청에서 데이트폭력에 대해 '부부 사이가 아닌 남녀 간에 발생하는 폭행·상해·살인·성폭행·감금·약취유인·협박·명예훼손을 행하는 행동'으로 정의하고 '연인 간 폭력'이라는 명칭으로 사용하고 있었으나, 사회적으로 데이트폭력이라는 용어가 많이 쓰이고 사람들에게 익숙하여 경찰에서도 현재 데이트폭력이라는 용어를 혼용하여 사용하고 있다.[12] 경찰에서 사용하고 있는 정의는 법적으로 정립된 개념은 아니지만, 수사상 통용되는 개념으로 외국의 정의와 비교하여 그 성격을 남녀 간에 발생하는 폭력으로 한정 짓고 있어, 동성 커플 간의 폭력은 데이트폭력에 해당하지 않는 것으로 보는 한계가 있다. 하지만 따로 규정된 범죄유형이 아니기 때문에 동성 커플 간의 폭력도 이성 커플 간의 폭력도 모두 폭행의 죄로 처벌받은 것은 같다.

....

context and riskmarkers". In M.A. Pirog—Good & J. E. Sets (Ed.), *Violence in dating relationships*, (pp. 3~33). New York: Preager Publishers.

12 경찰청 브리핑, 2016. 2. 3. 「연인 간 폭력(데이트폭력)」 '사랑싸움'이 아닌 '범죄행위'입니다."

데이트폭력은 연인 사이에 일어나는 폭력으로 폭력의 대상이 사랑하는 사람이거나 사랑했던 사람이 되는 것이 일반적이다. 이 경우 폭력의 유형과 관계없이 그 피해가 심각하다. 겉으로 드러나는 신체적인 폭력의 상해 사실 이외에도 피해자가 받는 심리적인 상처는 회복이 힘들어, 많은 데이트폭력피해자가 PTSD에 시달리고 있다고 보고된다. 또한 데이트폭력은 연인이 헤어지지 않고 혼인을 할 경우 가정폭력으로 이어질 가능성도 높아 사건에 대한 인지와 사후 절차만큼 예방이 중요하다.

호세의 데이트폭력

카르멘과 호세, 오페라의 두 주인공의 사랑은 결국 비극적인 결말로 끝나게 된다. 호세는 결국 자신의 손으로 직접 카르멘을 죽이게 되고 죽은 카르멘을 안고 "오! 나의 사랑하는 카르멘"이라며 절규하는 모습을 보인다.

호세는 데이트폭력의 가해자이자 살인범죄의 가해자가 된 것이다. 약 150년 전의 오페라에서 진행되는 스토리 속의 데이트폭력은 사실 오늘날의 데이트폭력과 많이 닮은 모습이 있다. 데이트폭력의 가해자는 자신의 폭력의 원인을 '너무 사랑해서'라고 합리화하여 포장하는 경우가 많다. 가해자뿐만 아니라 데이트폭력의 피해자조차 자신이 받은 폭력 피해를 '사랑해서 그랬겠지', 혹은 '그래도 나를 사랑하긴 하니까'라는 식으로 넘어가는 경우가 많다. 이런 점이 데이트폭력이 반복적으로 일어나는 이유 중 하나이다.

데이트폭력의 원인을 찾기 위해 호세가 카르멘을 죽이기까지 일어난 이 둘의 사랑과 배신의 사건들, 기쁨과 슬픔의 감정들에 대해서 차근차근 살펴보며 호세가 왜 카르멘을 죽여야만 했는지 원인을 찾으려 한다면 이미 잘못된 생각을 하는 것이다. 하지만 많은 사람이 데이트폭력 사건을 접하게 되면 이러한 잘못된 생각을 하게 된다. 보통의 폭력 사건에서는 폭력이 일어난 과정보다 결과적으로 발생한 폭력으로 사건을 판단한다. 이와 다르게 데이트하는 남녀 사이에 일어나는 폭력은 두 사람 사이에 폭력이 발생할 만한 일이 있었기 때문이라고 과정을 먼저 생각하게 되는 것이다. 피해자에게서 폭력의 이유를 찾으려는 이러한 잘못된 생각들은 피해자들이 데이트폭력을 경험하고도 신고를 하지 않거나, 도움을 요청하지 않는 원인으로 작용하게 된다.

당신은 길을 걷다가 남녀가 심하게 싸우는 장면을 목격한다. 소리를 지르며 욕설을 하고 주먹질까지 하고 있다. 당신은 어떻게 하겠는가?

가정폭력에 대해 우리 사회가 관심을 가지게 된 것은 오래된 일이 아니다. 가정폭력에 대해 국가가 관심을 가지고 관련 법안을 제정하기 이전에는 가정폭력이 일어나지 않아서 사람들이 관심을 가지지 않은 것이 아니다. 우리 사회의 전통이나 문화적으로 '부부 사이에 관여해서는 안된다'는 생각이 있었기 때문에 집안에서 일어나는 일에 대해 다른사람이 관여하거나 집안에서 벌어진 일에 대해 밖에 알리는 일이 흔하지 않았을 뿐이다. 위의 질문에 대해 "글쎄요"라고 자신 없는 답을 하였다면, 남녀 사이의 문제에는 그들만의 사정이 있을 것으로 생각하거나 남녀 사이의 문제에 끼어들면 안 된다고 생각했기 때문일 것이다. 이러한 방관자 효과는 범죄를 더욱 악화시키게 되고 사회적으로도 범죄만큼이나 심각한 문제로 받아들여지고 있다. 사적인 관계에서 은밀하게 일어나는 가정폭력이나 데이트폭력이야말로 주변의 도움이 필수적으로 필요한 범죄이다. 다행스럽게 빠른 속도로 이러한 인식이 바뀌고 있어 가정폭력에 대해서는 많은 부분 개선되었고, 데이트폭력에 대한 관대함도 빠르게 줄어들고 있다.

카르멘의 데이트폭력

카르멘을 죽임으로써 호세는 분명한 데이트폭력의 가해자이지만 카르멘의 데이트폭력에 대해서도 생각해보자. 당연히 카르멘이 호세에게 데이트폭력을 당할 만한 이유를 알아보겠다는 것이 아니라 호세의 데이트폭력과는 별개로 카르멘을 가해자 입장으로 생각해보자는 것이다.

데이트폭력의 범주는 신체적 폭력에만 국한되지 않는다. 뉴스에서 접하는 데이트폭력은 대부분 심각한 수준의 신체적 폭력이지만 실제로 대부분 데이트폭력은 언어적 폭력과 같은 정신적 폭력이 차지하고 있다. 정신적 폭력에는 집착이나 다른 방법을 통해 상대방을 자신의 지배하에 두기 위해 외부로부터 단절시키는 것도 포함되며, 모욕적인 말을 하거나 상대방의 외모나 지위에 대해 비하하는 말을 하는 것도 포함된다. 카르멘이 실제로 호세를 사랑했는지 아니면 이용만 하려 했는지는 모르는 일이다. 마찬가지로 데이트폭력에서도 가해자가 피해자를 사랑했는지 아닌지는 폭력을 판단하는 데 영향을 미치지 못한다. 하지만 자신을 사랑하는 호세에게 불법적인 일을 권하여 직장을 잃게 하였고, 그런 호세에게 함께 떠나자고 설득하여 호세는 자신이 원래 속해있던 사회로부터 떠나 범죄자가 된다. 약혼녀는 물론이며 어머니와의 단절을 유도했고, 오페라의 뒷부분으로 갈수록 호세에게 모욕적인 말을 하여 호세를 비참하게 만들기도 하였다.

신체적인 데이트폭력은 대부분 남성이 가해자이고 여성이 피해자인 경우가 많다. 데이트폭력에 관한 법령이 따로 제정되어 있지 않은 현재의 법 제도 하에서 신체적 폭력의 경우에는 일반 형법이나 특별법으로 처벌할 수 있고 폭력 사건의 경우 피해사실에 대한 입증이 어렵지 않기 때문에 처벌이나 인지에 큰 어려움이 있는 것은 아니다. 하지만 앞서 본 정신적 폭력의 경우 따로 처벌할 수 있는 법령이 마련되어 있지 않은 경우도 있고, 명예훼손이나 모욕과 같은 형법상의 범죄에 해당이 된다고 하더라도 연인 사이에 일어난 정신적 폭력을 입증하기가 쉽지 않다. 따라서 이러한 정신적 폭력의 경우 폭력이 발생하기 전에 예방이 더욱 중요하다.

• 112 코드

'112'로 범죄 신고를 할 경우 112 신고센터가 신고의 접수를 112 순찰차에 전달하고 현장 조치를 통제하는 임무를 수행하게 된다. 112 순찰차는 112 신고센터의 지령을 받고 즉시 출동하고 신고센터로부터 추가지령을 받게 되는데, 이때 112 코드를 통해 지령을 내림으로써 신속한 출동과 현장 조치의 준비할 수 있는 시스템이 마련되어있다. 사건에 대해 일일이 순찰차에 설명을 전달하지 않아도 112 코드를 통해 사건에 대한 세부사항을 파악할 수 있도록 만들어진 것으로, 현재 약 50개의 세부 코드가 있다. 우리나라의 경찰은 신고접수를 받고 출동하는 경찰관이 미리 데이트폭력 사건임을 인지할 수 있도록 데이트폭력에 관한 112 코드를 신설하여 데이트폭력 예방을 위해 노력하고 있다.

• 폭력허용도

폭력허용도(Acceptance of Interpersonal Violence)란 대인관계에서 나타나는 폭력에 대한 허용 정도를 의미하는 용어이다. 폭력허용도가 높아질 경우 폭력행사 가능성은 물론 폭력수용 가능성도 높아지는 결과를 가져온다.[13] 폭력에 대해 예민하게 생각하지 않는 것으로 예를 들어, '화가 많이 나면 물건을 집어 던질 수도 있다', '맞을 만한 이유가 있는 사람은 맞아야 한다'와 같은 체크리스트에 동의하는 정도를 의미한다. 폭력에 대해 관대한 사람은 자신이 폭력을 행사하는 것뿐만 아니라 자신이 폭력의 피해자가 되는 것에도 관대함을 보이는 것으로 나타난다. 데이트폭력의

---

13 조윤오, (2010), "가정폭력 피해여성의 폭력수용성에 관한 연구", 「피해자학연구」, 제18권 제2호, p. 161.

가해자는 물론 피해자의 경우에도 폭력허용도가 일반인보다 높게 나타난다.

• 방관자 효과

1964년 일어난 살인 사건에 대한 사람들의 반응에 대해 이후 많은 연구가 이루어져 밝혀낸 사람의 심리를 나타내는 용어이다.

제노비스라는 여성이 아파트로 둘러 싸인 주거지역에서 칼에 찔려 사망이 발생했다. 이 사건이 전 세계적으로 알려진 것은 살인 사건현장의 주변반응 때문이었다. 이후 조사에서 밝혀진 바에 따르면 도움을 청하는 여성의 살해 현장을 창문을 통해 목격한 시민이 38명이고, 주변의 반응을 살피며 살인범의 범행이 지속된 시간은 약 35분가량이었다. 이 사건이 알려진 후 뉴욕타임스에서는 "Thirty-Eight Who Saw Murder Didn't Call the Police"(경찰에 신고하지 않은 38명의 살인 사건 목격자)라는 제목의 신문기사를 내보냄으로써 뉴욕을 비롯한 미국 전역에 충격을 가져왔다.

이 사건 이후 비슷한 상황을 설정한 실험연구가 많이 진행되었다. 대표적으로 1968년 진행된 달리와 라테인의 연구에서는 함께 실험에 참여한 사람이 발작을 일으켜 쓰러져도 여러 명이 함께 있을수록 위급 상황을 보고하지 않는 모습을 나타내기도 하였다. 사람들은 대부분 내가 아니어도 누군가가 할 것이라는 '책임감 분산'의 심리를 보이거나 심각하지 않겠지라고 정당화하는 '대중적 무관심'의 심리를 보였다.[14]

제노비스 신드롬이라고 불리기도 하는 방관자 효과는 의식하고 노력하지 않으면 누구에게서나 보일 수 있는 현상으로 긴급한 상황에서의 구조 교육과 같은 노력으로 억제해야 한다.

....
14 Darley, J. M., & Latane, B. (1968). Bystander intervention in emergencies: Diffusion of responsibility. Journal of Personality and Social Psychology, 8, pp. 377~383.

또한 자신이 타인에게 구조요청을 할 때는 방관자 효과가 나타나지 않게 하기 위해 '모자 쓴 아저씨!!, 파란 옷 아저씨!!' 등의 호칭을 부르며 도움을 요청하는 것이 효과적이다.[15] 최근에는 범죄가 잔인화, 흉악화 된 만큼이나 목격자의 방관이 범죄를 부추기는 요인으로 작용하고 있다.

핵심개념

- 아노미이론
- 긴장이론
- 일반긴장이론
- 데이트폭력
- 가정폭력

오페라 속 아리아

- 「사랑은 반항하는 새와 같은 것(L'amour est un oiseau rebelle)」
- 「하바네라, 세기디야(Habanera, Seguidilla)」
- 「투우사의 노래(Toreador en garde!)」
- 「당신이 던져준 그 꽃(La fleur que tu m'avais jette)」
- 「이젠 두렵지 않아요(Je dis que rien ne m'epouvante)」

....

15 이동귀, (2016), 너 이런법칙알아?, 21세기북스.

'오페라에서 탄생한 패션 트렌드'

카르멘 판타지[Carmen Fantasy]

1977년 봄/여름에 이브 생 로랑(Yves Saint Laurent)이 발표한 것으로서, 1875년 초연된 이래 전세계적으로 가장 널리 알려진 비제(Georges Bizet)의 오페라 카르멘(Carmen)을 주제로 삼은 패션 테마 스타일이다. 예를 들면 검은 벨벳의 코르셋에 붉은색 태피터(Taffeta) 소재의 스커트, 검고 긴 장갑 같은 강렬한 색채의 스페인, 지중해 색조를 활용한 대담하고 섹시한 스타일을 말한다.

● 생각해봅시다

1. 일반긴장이론에서는 긴장으로 발생한 부정적 감정을 적절히 해소하지 못해 일탈행동으로 이어진다고 주장하고 있습니다. 긴장은 오늘날 우리가 흔히 말하는 '스트레스'와 유사한 개념이라고 볼 수도 있습니다. 여러분이 겪고 있는 긴장에는 어떤 것이 있는지 생각해 봅시다.

2. 긴장이론은 사회적으로 어떤 정책을 가능하게 했는지 생각해 보며, 스트레스로 인한 부정적 감정 해소를 위해 가정, 학교, 지역사회의 노력에 관해 생각해 봅시다.

3. 데이트폭력으로 인한 강력사건이 뉴스를 통해 많이 알려지면서 사회의 관심도 높아지고 있습니다. 하지만 아직도 신고되지 않거나 드러나지 않는 데이트폭력이 많은 것으로 추정되고 있습니다. 데이트폭력과 같은 암수범죄의 많은 다른 사건은 어떤 것들이 있을지 생각해 봅시다.

4. 위에서 찾은 암수범죄가 많은 사건에 대해 신고율을 높이는 방법은 무엇이 있을지 생각해 봅시다.

5. 데이트폭력 사건은 친밀한 관계를 유지하는 연인 간에 일어나는 폭력으로 그 피해의 회복이 매우 힘든 범죄에 속합니다. 따라서 사후대처보다 사전예방이 무엇보다 중요하다고 할 수 있습니다. 데이트폭력을 예방할 수 있는 실천 가능한 방안을 생각해 봅시다.

06

투란도트

Turandot

"Princess, listen to me!
You, who are enclosed in ice,
conquered by such flames,
you will love him, too!
Before the dawn,
I will wearily close my eyes,
So he can win again."

" 목숨을 건 사랑의 힘을 보라!

투란도트

투란도트 오페라 이야기

투란도트는 해피엔딩으로 마무리되는 줄거리를 가진 오페라이다. 하지만 여주인공 투란도트와 그녀를 사랑하게 된 칼라프 왕자가 입맞춤하며 막이 내리기까지 전개되는 오페라의 장면들은 비극적인 상황들이 계속해서 등장하게 된다. 사람들이 오페라에 매력을 느끼는 이유가 바로 한편의 오페라에 인생의 모든 희로애락을 담아내고 있기 때문일 것이다.

죽음과 사랑, 사랑을 믿지 않는 여자와 그 여자를 사랑하게 된 남자의 이야기를 다룬 투란도트는 공연 내내 강렬하고 신비로운 분위기로 관중을 압도한다. 유럽에서 공연된 이 오페라가 중국을 배경으로 하였다는 시대적 설정과 함께 작곡가인 푸치니가 작품을 완성하지 못한 채 세상을 떠났다는 사실이 이 오페라를 더욱 신비롭게 만드는 데 일조한다. 이 오페라의 총 3막 중 3막의 중간 부분까지는 푸치니가 작곡하였지만, 결말 부분은 프랑크 알파노(Franco Alfano)라는 푸치니의 제자가 남겨진 스케치를 토대로 작곡하였다. 1926년 라 스칼라 극장에서 초연될 당시, 지휘자이자 푸치니의 친구인 아르투로 토스카니니(Arturo Toscanini)가 푸치니가 작곡한 3막까지만 공연을 하고 "바로 이 장면에서 거장 푸치니 선생이 펜을 내려놓으셨습니다"라고 말하며 지휘봉을 내려놓았다는 일화도 있다.[1] 푸치니의 스케치를 바탕으로 알파노가 결말을 작곡하였기에 투란도트는 공연될 때마다 그 결말이 조금씩 바뀌기도 하는 오페라이다.

푸치니의 작품은 대부분 비극으로 끝나는 데 비해 투란도트는 이례적으로 주인공이 사랑을 이루게 되는 작품이기도 하다. 그렇지만 푸치니는 사랑이 이루어지는 마지막 장면을 완성하지 못한 채 세상을 떠나

고 말았다. 긴 시간 동안 작품을 만들었음에도 불구하고, 결말을 완성하지 못한 이유에 대해서 '건강상의 이유', '마음의 상처' 등등 많은 이야기가 있지만, 비극 작가였던 푸치니가 행복한 결말을 쓴다는 것이 어려웠기 때문에 결국에 미완성의 오페라로 생을 마친 것이 아니냐는 의견도 있다. 영화나 드라마에서 주인공의 이야기가 열린 결말로 끝나게 되면, 더 여운이 남는 것처럼 이 오페라도 그러하다. 물론 알파노의 해석이 담긴 결말이 있지만, 그런데도 불구하고 관객들의 마음에도 '혹시나', '만약'이라는 상상력이 더해지고 자신의 해석이 담겨 이 오페라를 더욱 재미있게 하는 요소가 된다.

----

1 [네이버 지식백과] 투란도트 [Turandot] (OPERA 366, 2011. 6. 27., 한울아카데미).

1막 얼음공주를 향해 북을 울려라!

1막은 중국의 한 광장을 배경으로 시작된다. 신하가 나타나 투란도트 공주가 낸 수수께끼를 맞추지 못한 페르시아 왕자를 참수할 것이며, 만약 수수께끼를 맞추는 사람이 있다면 투란도트 공주가 그 사람과 결혼할 것이라고 이야기한다. 이 이야기를 듣던 군중들 속에서 '칼라프 왕자'와 오래전 헤어지게 되었던 왕자의 아버지 '티무르'와 아버지를 돌봐주던 '류'는 우연히 재회하게 된다. 곧이어 투란도트 공주가 낸 수수께끼를 맞추지 못한 페르시아 왕자의 참수형을 지켜보기 위해 사람들이 모인다. 칼라프 왕자도 사형을 보게 되고 곧이어 투란도트 공주를 보게 된다. 겁에 질려 죽음을 맞이한 페르시아 왕자와는 대조되게, 칼라프 왕자는 투란도트 공주에게 반해 사랑에 빠지게 된다. 재회의 기쁨도 잠시, 목숨을 걸고 수수께끼에 도전하겠다는 아들로 인해 티무르는 비통해하고 남몰래 칼라프 왕자를 사모하고 있던 류도 슬퍼하며 칼라프를 만류한다. 심지어 공주를 모시는 세명의 부하 '핑', '팡', '퐁'도 칼라프를 말려보지만, 사랑에 빠진 칼라프를 말릴 수 있는 사람은 아무도 없었고, 칼라프는 목숨을 건 수수께끼에 도전한다. 칼라프는 결국 투란도트를 향한 구혼을 위한 북을 울린다.

2막 풀리지 않는 수수께끼를 풀다.

2막은 핑, 팡, 퐁이 모여서 이야기하는 장면으로 시작한다. 칼라프의 도전에 대해서 조롱하기도 하고, 자신들이 지내온 세월에 대해서 넋두리하기도 한다. 그렇지만 혹시나 칼라프가 수수께끼를 맞추게 되어 공주가 결혼하게 되어 중국에 평화가 찾아오지는 않을까 기대하는 모습도 보인다. 수수께끼를 풀 시간이 돌아오자 이번에는 공주의 아버지이자 중국의 황제 '알투움'이 다시 한번 칼라프를 만류한다. 이번에도 역시 칼라프는 듣지 않고, 공주가 수수께끼를 내기 위해 등장한다.

첫 번째 수수께끼, 이것은 어둠 속에서 날아다니는 무지갯빛 유령이다. 유령은 날개를 퍼덕이며 근심에 잠긴 사람들 곁을 날아다니지. 새벽이 오면 유령은 사라지지만 밤이 되면 모든 이의 가슴에서 다시 살아난다.

두 번째 수수께끼, 이것은 불꽃처럼 타오르는 열렬한 마음이자 기운이다. 그대의 심장이 멎으면 이것은 차가워지지만, 무엇인가 간절히 원하면 다시 활활 타오를 것이다.

세 번째 수수께끼, 이것은 그대에게는 타오르는 불과 같으며, 그대의 열정을 얼게 하는 얼음이다. 그대가 이것을 본다면 그대는 이것의 노예가 될 것이지만 이것이 그대의 노예가 된다면 그대는 왕이 될 것이다. 이것은 무엇인가?[2]

칼라프는 첫 번째의 답은 '희망', 두 번째는 '피', 세 번째의 답은 '투란도트'로, 모든 답을 맞추고 만다. 예상치 못하게 칼라프가 모든

---

2 서향나무천리향의 향기 블로그, "투란토트의 세가지 수수께끼"(http://blog.naver.com/PostView.nhn?blogId=flowergarden69&logNo=220571414398&parentCategoryNo=&categoryNo=7&viewDate=&isShowPopularPosts=true&from=search).

수수께끼를 맞추어버리자 공주는 결혼하고 싶지 않다고 부정하지만, 맹세는 지키는 것이라는 황제 알투움의 말을 듣고 절망한다. 칼라프는 도리어 "새벽녘까지 자신의 이름을 알아내면 공주가 이기는 것이고, 자신이 자살할 것이다"라고 이야기하며, 2막이 내린다.

3막 얼음공주의 마음을 녹인 사랑

늦은 밤, 칼라프의 이름을 알아내기 위해서 왕궁은 분주하다. 이때, 투란도트 오페라에서 유명한 "Nessun Dorma"[3]가 울려 퍼진다. 공주의 신하인 핑, 팡, 퐁은 다른 여자들과 보물로 왕자를 회유하기도 하고 협박하기도 한다. 이때, 티무르와 류가 잡혀 왔고 공주가 고문하려고 하자, 류가 앞으로 나서 자신만이 왕자의 이름을 알고 있다고 이야기한다. 공주가 잔혹하게 고문해도 류는 끝까지 왕자의 이름을 이야기하지 않고, 그러한 모습을 공주는 이해하지 못한다. 공주가 자신을 죽이리라는 것을 직감한 류는 경비병의 칼을 뽑아 스스로 목숨을 끊고 이 모습을 지켜본 사람들은 자리를 떠난다. 투란도트는 사랑을 위해 목숨을 바치는 이들을 보며 마음이 흔들린다. 칼라프는 투란도트에게 키스하고, 자신의 사랑을 계속 어필한다. 그리고 자신의 이름을 말해준다. 공주 또한 칼라프에 대한 마음을 깨닫고, 자신의 아버지에게 "이 사람의 이름은 사랑입니다"라고 이야기하며 사랑을 축복하는 사람들에게 둘러싸여 이야기는 끝난다.

....

3 '공주는 잠 못 이루고'라는 한국어 번역으로 잘 알려져 있지만, 이러한 번역은 오역이고 '아무도 잠들지 못한다'로 해석하는 것이 더 좋다는 의견이 보편적이다.
http://www.sound.or.kr/cgi-bin/read.cgi?board=orchest2&x_number=102596
1105&r_search=puccini&nnew=1.

'내가 가장 강할 수 있는 이유는 바로 사랑'

우리나라에서 공연한 뮤
지컬 투란도트에서 류가 칼
라프를 지키기 위해 목숨을
바치기 전 투란도트를 향해
남긴 대사이다.

투란도트는 오페라로 여
러 나라에서 여러 가수와 지
휘자에 의해 공연이 되었고, 영화로도 만들어졌으며, 우리나라에서는 뮤
지컬로 각색되어 큰 인기를 끌었을 뿐만 아니라 웹툰으로도 만들어져
대중들에게 다가가기도 하였다.

이 오페라는 목숨을 건 사랑의 힘을 확인할 수 있는 작품이다. 투란
도트를 향한 칼라프의 사랑을 떠올리겠지만, 이 오페라에 등장하는 목
숨을 건 사랑은 칼라프의 사랑만은 아니다. 류도 칼라프에 대한 사랑에
자신의 목숨을 바쳤다.

투란도트의 꽁꽁 언 마음을 녹인 것이 칼라프의 목숨을 건 사랑이
아닌 류의 목숨을 바친 사랑이 아닐까 생각을 하게 된다.

오페라 속 범죄학

사회유대이론은 사회통제이론이라는 이름으로도 불린다. 사회 내에서 가지고 있는 개인과 사회의 유대감이 개인을 일탈 행동이나 범죄로부터 통제한다고 보는 것이다.

사회유대이론에 대해 살펴보기 전에 개인의 행동을 형벌로 통제한다고 본 고전주의 범죄학에 대해 간단히 살펴보도록 하겠다. 형벌이라는 외부요인이 범죄를 억제한다고 주장한 고전주의 범죄학의 억제이론에 대해 앞부분에서 자세히 설명되었지만, 사회유대이론에 대한 이해를 도울 수 있는 내용을 따로 살펴보도록 하겠다.

합리적 선택이론

범죄를 예방하는데 가장 좋은 방법을 형벌이라고 주장하는 입장이 바로 억제이론이다. 강력하고 신속하고 확실한 형벌이 예상된다면 합리적인 사람은 범죄를 저지르지 않는다는 것이다. 여기서 우리가 주의를 기울여야 할 부분은 '합리적인 사람'이라는 부분이다. 그렇다면 '합리적인 사람'이란 어떤 의미일까?

'합리적 인간'은 다음의 공식을 따라 행동하는 인간을 말한다.

$$불이익 < 이익$$
$$불편함 < 편안함$$
$$고통 < 즐거움$$

사람은 누구나 고통을 피하려 하고 즐거움과 편안함을 추구하는 존재이다. 그래서 사람은 어떤 행동을 하기 전에 생각하고 그 행동이 자신에게 이익을 준다고 판단될 경우 그 행동을 실행에 옮기고, 그 행동이 자신에게 불이익을 준다고 판단되면 그 행동을 하지 않는다는 것이 합리적 인간관에서 말하는 인간의 행동원칙이다. 예를 들어, 물건을 살 때도 그 물건의 값과 그 물건이 나에게 주는 이익 곧, 편안함이나 즐거움을 따져보고 내가 얻게 될 이익이 값보다 크다고 판단되면 구매하게 될 것이다.

또 일상생활에서도 흔히 우리는 할 일을 안 했을 경우 우리가 받게 될 불이익을 생각해보고 힘들더라도 그 불이익을 피하고자 그 일을 하게 된다. 과제가 하기 싫은 대학생들도 과제를 안 하면 받게 될 낮은 학점을 피하고자 다른 일을 미루고 과제를 하기도 한다. 이렇듯이 사람은 생각하고 행동을 하는 존재이며, 그 행동이 범죄일 경우에도 마찬가지로 이 원칙이 적용된다. 범죄를 저지름으로써 자신이 받게 될 이익과 불이익을 따져보았을 때, 그 행동이 자신에게 가져다주는 이익이 더 클 경우에 범죄행동을 하게 된다는 것이다. 하지만 합리적인 선택을 위해서는 '자유의지'라는 또 하나의 전제조건이 필요하다. '자유의지'란 자신의 선택에 자신의 자유로운 의사만이 영향을 미치는 상황을 의미하며, 자신의 의사 이외의 다른 외부요인이 영향을 미친다면 그것은 자유의지라고 할 수 없다.

영화나 드라마의 주제로 자주 등장하는 상황을 생각해 본다면 부당함과 전혀 상관없는 삶을 살던 주인공도 자신이 사랑하는 가족이나 연인이 인질로 잡혀있는 상황에서는 인질범이 시키는 위험하고 부당한 일을 위해 모든 것을 바친다. 이러한 상황이 바로 자유의지가 배제된 합리적이지 않은 상황이다. 하지만 여기서 또 다른 관점의 생각을 해 볼 수도 있다. 영화와 같은 상황에서도 주인공은 자신이 받을 이익과 불이익을 따져보고 행동한 것이 아닐까? 하는 생각이 들 수도 있겠다. 사랑하는 사람을 잃는 것이 그에게는 불이익이기 때문에 사랑하는 사람을 구할 수 있는, 곧, 자신에게 이익이 되는 합리적인 선택을 한 것일 수도 있겠다. 이 부분에 대해서는 개인적으로 생각을 해보는 것이 좋겠다.

과연 극한의 상황에서도 합리적 선택은 보장되는가?

다시 본론으로 돌아와서, 합리적 선택이론에서는 자유의지가 전제된 상황에서 합리적인 선택을 하는 것이 인간의 의사결정이라고 주장한다. 따라서 인간이 범죄를 저지르지 않게 하기 위해서는 그들이 범죄로 인해 받게 될 불이익을 이익보다 더욱 크고 무겁게 하면 된다는 것이 억제이론의 입장이다.

범죄로 인해 받게 될 불이익은 형벌을 의미하는 것이고, 형벌이 아주 강하다면 누구도 범죄를 저지르지 않게 된다는 주장이다. 이 이론이 실제로 적용되기 위해서는 사람들이 자신이 범죄를 저질렀을 경우 어떤 불이익을 받게 될지 잘 알고 있어야 한다. 자신이 받게 될 불이익을 명확히 알고 있어야 자신이 받게 될 이익과 저울질을 해보며 범죄를 저지를지 아니면 저지르지 않을지에 관해 판단이 가능해진다. 하지만 현실은 이론처럼 이상적이지 않다. 대부분의 사람은 어떤 범죄를 저지르면 어느 정도의 형벌을 받게 되는지 명확히 알고 있지 못하며, 자신이 하는 행동이 범죄인지 아닌지 모르는 경우도 있다. 물론 사람을 죽이면 살인 범죄이고 사형을 선고받을 수도 있다는 것은 상식적 수준으로 모두가 알고 있지만, 우리 현실에게 많이 일어나는 폭행, 사기, 절도, 과실범죄 같은 범죄의 경우에는 법에서 정한 형벌을 모르거나 혹은 어떤 행동이 이들 범죄의 범주에 속하는지 모르는 경우도 많다.

이러한 정보의 부재는 합리적 판단을 불가능하게 만든다. 억제이론에 따라 범죄를 예방하려면 모든 사람이 이러한 정보를 완벽히 알고 있어야 하지만 그렇지 못하기에 범죄자가 범죄를 저지르기 전에 자신의 행동이 자신에게 가져올 결과에 대해 신중히 생각한다고 해도 그 생각이 전혀 합리적이지 못하다는 것을 의미한다. 실제로 교도소나 수감된 많은 범죄자는 자신이 범죄를 저지르기 전에 교도소에 수감되는 지금과 같은 결과는 전혀 생각하지 않았다고 이야기하는 경우가 많다.

범죄자는 과연 합리적으로 생각하는가?

범죄 행동에 대한 인간의 생각은 물건을 사거나 과제를 하는 행동처럼 결과가 바로 예상되는 행동이 아니기 때문에 신중한 생각을 한다고 하여 합리적이라고 말할 수 없다는 비판을 받기도 한다.

억제이론

비판점이 있기는 하지만 앞서 살펴본 자유의지와 합리적 선택이 보장된다는 전제를 하면 억제이론에서의 형벌을 통한 범죄의 억제라는 설명이 가능해진다. 억제이론은 형벌을 통해 범죄를 예방한다는 주장을 하여 앞의 다른 이론들과 차별적인 범죄예방의 접근을 하고 있다. 다른 이론들은 범죄자의 신체나 정신이나 환경을 변화시키는 방법으로 예방 방안을 제시하지만, 억제이론에서는 형벌만을 강조한다. 억제이론에서는 강하고 확실하고 신속한 형벌로 범죄를 억제한다고 주장한다. 범죄를 저지르려는 사람에게 범죄를 저지르면 받게 될 불이익을 강조하여 범죄를 포기하거나 낙담시키는 것이다. 하지만 범죄를 저지르면 받게 될 또 다른 불이익, 다시 말해 자신을 아껴주는 사람들의 실망과 인간관계의 단절과 같은 것을 통해 범죄를 억제할 수 있다고 주장한 이론이 바로 사회유대이론이다.

범죄학에서 '관습'의 의미

최근 다양한 자기계발 서적이나 강연이 많아지면서 우리는 '관습적'이라는 단어에 부정적인 생각을 가지게 되었다. 대학생들의 경우에도 '관습'이라는 단어에 긍정적인 생각을 가지지 않으며, 뛰어넘어야 하는 벽 혹은 얽매이면 안 되는 구시대적 사고라고 인식하고 있는 듯 보인다. 물론 창의성이 중요한 재능으로 인정받고 남들과 다른 차별화된 자신만의 특기가 필수적인 세상을 사는 지금 젊은 세대에게 이러한 현상은 당연한 일이다. 하지만 사전을 찾아보면 '관습'의 의미는 "어떤 사회에서 오랫동안 지켜 내려와 그 사회 성원들이 널리 인정하는 질서나 풍습"이라고 되어있고, 단어 자체가 부정적인 의미를 가지지는 않는다고 볼 수 있다.

최소한 범죄학의 테두리 안에서 '관습'이라는 단어는 매우 긍정적인 단어로 사용되고 있다. 한 사회에서 오랫동안 지켜왔고 사회 성원들이 널리 인정하는 질서, 곧 관습이 잘 유지되고 있는 '관습적인' 사회가 바로 범죄로부터 안전한 사회이기 때문이다. 관습의 뜻을 반대로 하면 사회에서 용인하지 않고 인정하지 않는 행동이 되며 그것이 바로 '범죄'라고 할 수 있기 때문이다. 따라서 범죄학적 시각에서 바라보면 '관습'은 잘 지켜져야 하는 것이며, 아동이나 청소년들에게도 관습에 친숙한 환경을 만들어주는 것이 범죄를 예방하는 방안이 된다. 사회통제이론에서는 개인이 사회에 소속되는 것, 특히 관습적인 사회에 소속된 정도를 강조하고 있다.

허쉬(Hirschi)는 1969년 자신의 저서 "비행의 원인"에서 사회통제적인 관점의 새로운 의견을 제시한다.

"인간이라는 동물이 범죄를 저지른 것에 대해 어떤 특별한 동기나 설명이 요구되지 않는다"

허쉬는 범죄의 원인에 대해 기존의 방식과 전혀 다른 방식으로 접근하였다. 기존의 접근법이 "그 사람은 왜 범죄를 저질렀을까?"라는 의문에서 시작했다면, 허쉬의 접근법은 "그 사람은 왜 범죄를 저지르지 않을까?"라는 의문에서 시작하였다. 추가적인 설명을 하기 전에 결론부터 먼저 이야기하자면, 사람들이 범죄를 저지르지 않는 이유는 자신이 속한 사회가 있기 때문이다. 사회의 규칙, 즉 관습을 인정하고 그 사회와 유대를 맺고 있기 때문에 사회로부터 배제되는 행동을 하지 않는 것이다. 다시 허쉬의 생각으로 돌아가서 설명하자면, 허쉬는 인간은 원래 범죄를 저지를 수 있는 동물이라고 생각하며, 사회나 규범과 같은 것이 없으면 동물이 아무런 이유 없이 옆집의 옥수수를 먹는 것처럼 사람도 범죄를 저지를 수 있으나 가정, 학교, 친구와 같은 집단과 유대를 형성하면서 범죄를 저지를 가능성이 낮아진다고 설명하였다.[4]

....

4 Hirschi, T. (1969). 「Causes of Delinquency」, Berkeley, CA, University of California Press.

따라서 범죄를 저지르지 않는 것은 사회적 유대를 이루는 대인관계, 친구관계, 가족관계 등의 사회 내에서 맺은 무수히 많은 유대 관계가 개인을 통제하기 때문이며, 이러한 유대가 약해지거나 없어져서 사회가 개인에게 영향을 행사하지 못하게 되면 개인에 대한 사회의 통제력도 없어지고 그 개인은 규범을 어기게 되어 사회의 유대 여부가 범죄 행동에 중요한 영향을 미친다고 주장하였다. 또한 허쉬는 1969년에 미국 캘리포니아 지역의 중·고등학생 4,077명을 대상으로 조사를 하여 자신의 이론을 실증적으로 입증하기도 하였다.[5] 사회유대이론은 범죄 혹은 비행의 원인을 사회구조적인 측면에서 설명하는 이론 중 가장 대표적인 이론으로 기존의 일탈이론이 가진 단점을 보완하며 사회적인 통제의 과정을 다루었다는 점에서 높이 평가받고 있다.

허쉬는 사회유대이론에서 사회와 유대를 맺는 네 가지 요소를 제시하였다. 네 가지 요소는 애착(Attachment), 관여(Commitment), 참여(Involvement), 신념(Belief)으로 허쉬는 애착과 전념, 전념과 참여, 애착과 신념의 조합에 대해서 언급하며 사회유대이론 내의 모든 지표가 서로 상관관계가 있다고 주장하였다. 경험적인 검증의 과정을 거쳐 그는 한 개인이 네 가지 요소 중에서 어떤 한 측면에서 사회와의 결속 정도가 강하면 강할수록 다른 측면의 사회결속 정도도 밀접해지게 된다고 설명한다.

사회유대이론에서 유대를 구성하는 네 가지 요소 중에 가장 핵심적인 요소로 꼽히는 요소는 애착이다. 애착은 타인에 대한 애정이나 친밀도를 나타내는 것으로 타인의 의견을 중요시하는 정도로 측정되기도 한다. 애착(Attachment)이라는 단어를 처음 사용한 학자는 심리학자 볼비(J. Bowlby, 1969)이며 볼비는 애착을 가장 가까운 사람에게 느끼는 지속적인

---

5 심미영·정규석, (2007), "한국 청소년비행에 관한 Hirschi 이론의 검증", 「한국가족복지학」 12(3): pp. 147~171.

유대 관계라고 명시하며 애착이 아동의 성장 및 발달에 미치는 효과에 대해 흥미로운 실험연구를 근거로 삼기도 하였다. 애착은 허쉬의 사회 유대이론에서 가장 많은 주목을 받았으며, 다른 연구자들의 연구에 많이 연구되었다. 애착에 관한 연구에서는 인간이 관계를 형성하는데 주요하다고 평가되는 부모, 교사, 또래 친구, 즉 주요타자와의 애착이 비행 행동에 미치는 영향을 분석하였으며, 연구마다 세부적인 사항에서 조금씩 차이를 보이기는 하나 대부분의 연구가 주요타자와의 애착이 높을수록 비행 행동이 감소한다는 결과를 지지하고 있다. 또한 주요타자와의 애착 중에서 가장 중요한 애착은 부모와의 애착이며, 이는 부모와 형성된 애착은 가정이라는 초기 사회와의 유대이며 이 경험은 그 이후 수반되는 다른 유형의 애착을 형성하는 데 영향을 미치기 때문이다.[6]

허쉬의 이론은 이전의 이론보다 더 설명력이 우수하다고 평가받지만 불완전한 면에 대한 지적도 있다. 이 중 대표적인 결점은 친구와의 애착 문제에 대한 불완전성이다. 허쉬의 논리에 따르면 친구와의 애착이 강할수록 비행할 확률이 낮아져야 하지만 많은 연구결과 친구의 유형에 따라 그 영향이 상반되게 나타날 수 있다는 것이다[7](이윤호, 2008: 120). 다시 말해, 비행친구와의 높은 애착도 과연 비행을 통제하는 사회유대라고 볼 수 있을까라는 문제가 제기되는 것이다. 이에 대해서는 연구결과가 일관되지 않으며, 이를 보완하기 위해 사회학습이론(R. L. Akers, 1985)과 같은 이론으로 설명을 보충해야 할 것이다. 또한 사회유대이론과 사회학습이론의 강점만을 보완하여 통합하여야 한다는 국내의 주장도 나오고 있다.[8]

....

6 Thornberry, T. (1987), "Toward an interactional theory of delinquency:, Criminology", 25: pp. 863~892.
7 이윤호, (2008), 「현대사회와 범죄」, 박영사.
8 이윤호, (1988), "비행의 통합적 설명: 그 이론적 합성", 「형사정책」 (3): pp. 95~

사회유대이론의 비판

허쉬의 사회유대이론은 많은 연구로 이어졌고, 검증되어 지지받았다. 경험적 연구의 대상이 된 이론으로는 긴장이론과 함께 손꼽히는 이론이다. 하지만 많은 연구의 대상이 된 만큼 많은 비판의 대상이 되었다. 사회유대이론이 가지는 가장 큰 단점은 인과관계에 대한 설명의 어려움에 있다. 사회의 유대가 약화되면 범죄를 저지른다는 가설만을 한 방향으로만 생각하면 비판의 여지가 없겠지만, 반대로 범죄를 저지른 사람들이 범죄로 인해 사회와의 유대가 약해진 것은 아닐지에 대해 생각해볼 수도 있다. 따라서 원인과 결과가 명확하지 않은 이론이며, 그런 이유로 사회유대이론을 검증하여 지지한 연구의 대부분은 횡단연구이다. 사회유대이론은 청소년의 비행을 설명하는데 큰 지지를 받았으나, 성인범죄나 특정 범죄에 대해 설명을 하는데 한계를 보였고, 허쉬는 이후 일반이론을 발표하며 사회유대이론이 가지는 한계점을 스스로 인정하기도 하였다.

투란도트의 사회유대

오페라의 주인공 투란도트는 차갑고 매몰찬 여자이다. 어린이를 위해 만들어진 투란도트 공연의 제목이 "얼음공주 투란도트"로 붙여지기도 했었다. 이 오페라의 시대적인 배경을 고려하지 않고 본다면 그녀는 한마디로 살인범이라고 할 수 있다. 그것도 아주 흉악한 살인범에 속한다고 볼 수 있다. 자신에게 해를 끼치고 자신을 미워하는 사람을 찾아

114; 유순화, (2003), "사회유대이론과 사회학습이론의 통합에 의한 청소년비행의 예측", 「청소년학연구」 10(4): pp. 289~315.

죽이는 것도 아니고 그녀는 자신에게 반하여 그녀와 혼인하고 싶어하는 남자들에게 정답을 찾을 수 없는 난해한 수수께끼 문제를 내고 그 답을 맞히지 못하면 결혼을 안 하는 것 뿐만 아니라 목숨까지 빼앗아 버린다.

그녀가 왜 이렇게 난폭한 살인범이 되었는지 사회유대이론의 입장에서 생각해 보자. 오페라의 줄거리에서 우리가 찾을 수 있는 그녀의 주요 타자는 2막에서 부르는 그녀의 아리아에 등장하는 그녀의 어머니이다. 그녀의 어머니는 타국의 침략으로 죽임을 당했고 그 일로 인해 그녀는 복수를 결심하고 자신을 찾아오는 남자를 죽이게 되었다. 투란도트는 고대 중국의 공주로 자라며 부족한 것 없이 풍족한 삶을 살았지만, 애착을 형성할 수 있는 대상이 없었다. 사람들이 그녀를 얼음처럼 차가운 사람이라고 수근거릴 때마다, 이웃 나라의 왕자들이 그녀와 혼인을 하겠다고 왕궁의 계단을 올라올 때마다 그녀도 보통의 사람처럼 가족과 친구에게 물어보고 싶은 것도 알려주고 싶은 소식도 많았을 것이다. 그녀는 어머니의 죽음으로 그녀를 사랑해줄 어머니도 없었고, 오페라에 등장하는 그녀의 신하 핑, 팡, 퐁도 그녀를 따뜻하게 달래줄 스승의 역할을 하기는커녕 그녀의 눈치만 보며 그녀를 멀리했을 것이다. 당연히 냉혹한 성격을 가진 그녀는 마음을 나눌 단 한 명의 친구도 없었을 것이다. 그녀는 사회의 유대가 완전히 단절된 상태에 놓여 있었다.

사회와의 유대, 곧 자신과 친밀한 관계를 유지하는 집단이 없다는 것은 범죄와 같은 행동을 할 때 그 행동을 통제해줄 존재가 없다는 것을 의미한다. 투란도트에게 유대를 형성할 부모나 교사, 친구가 있었다면 그녀의 그런 행동을 막을 수 있었을 것이다. 그들이 직접 투란도트가 하는 행동을 막지 않는다고 해도 자신을 믿고 아껴주는 사람들을 생각하면 투란도트는 그런 행동을 하지 못했을 것이다. 청소년들이 일탈행동을 하지 않는 것은 물론 다른 이유도 있겠지만 자신을 사랑해주는 부모님을 생각해서 혹은 친구들이 자신을 싫어하게 될까 봐 염려되는 이유도 분명히 있기 때문이다. 사회유대이론에서 주장하듯이 사회와의 유대를 형성한다는 것은 특히 주변의 주요한 사람들과 애착을 형성한다는 것은 행동에 대한 판단에 그 사람들의 의견을 고려한다는 뜻이기 때문이다.

오페라 속 범죄유형

화이트칼라범죄

'화이트칼라범죄'라는 개념이 처음 등장한 것은 1939년 서덜랜드 (Sutherland)의 주장에 의해서이다. 서덜랜드는 앞 장에서 설명하였듯이 범 죄의 학습이론을 주장하였다. 따라서 서덜랜드는 화이트칼라범죄도 학 습을 통한 행동이라 보았고 사회적으로 중상류층에 있는 사람과 하류층의 사람이 저지르는 범죄의 원인에는 근본적인 차이는 없다고 주장했다.

화이트칼라는 생산직에 종사하는 육체노동자들이 푸른색 작업복을 입는다고 하여 붙여진 블루칼라(Blue-Collar)와 상반되는 개념으로 그 당 시 사무직에 종사하는 사람들이 입는 하얀색 와이셔츠에서 유래된 말이 다. 곧 전문직에 종사하거나 국가기관에 근무하는 공무원 등 사회적, 경 제적으로 중상층을 의미하는 용어라고 볼 수 있다. 서덜랜드는 사회적 으로 지위가 높고 존경받는 사람도 그의 위치에서 범죄를 저지른다고 주장하며 그런 범죄유형에 화이트칼라범죄라는 이름을 붙였다.

화이트칼라범죄의 정의의 어려움

화이트칼라범죄에 대한 정의는 아직 명확하게 정립되지 않은 상태이다. 그 이유는 화이트칼라범죄를 어떻게 규정할지에 대한 학자들의 합의가 이루어지지 않았기 때문이다. 화이트칼라범죄에 대한 견해는 크게 두 가지 입장에서 생각할 수 있는데, 먼저 범죄를 저지르는 사람을 기준으로 하는 견해가 있고, 두 번째로 범행의 성격을 기준으로 하는 견해가 있다. 첫 번째 견해는 서덜랜드의 주장이기도 하며 사회적으로 높은 지위에 있는 사람들이 저지르는 범죄를 화이트칼라범죄로 본다는 입장이다. 이 입장에서는 사회적으로 높은 지위를 가지고 대중으로부터 인정받는 위치에 있는 사람이 저지른다면 폭행과 같은 범죄도 화이트칼라범죄의 범주로 생각할 수 있다. 후자의 견해는 사회적인 지위에 상관없이 특정경제범죄나 환경범죄와 같은 범죄의 형태를 화이트칼라범죄로 보는 입장으로 그 범죄를 저지른 사람의 지위는 중요하게 생각하지 않는 입장이다. 화이트칼라범죄는 형법에서 법률로 규정된 하나의 범죄 유형이 아니고 학문적, 실무적으로 붙여진 명칭이기에 명확한 의미에 대해 다툼이 있을 수 있다. 하지만 보통 화이트칼라범죄라는 용어를 쓸 때는 앞의 두 가지 입장 중 한쪽의 편이 아닌 두 입장이 적절히 조화를 이루는 유형의 범죄를 머릿속에 떠올리고 있을 것이다.

화이트칼라범죄의 유형

화이트칼라범죄에 대한 구체적인 유형에 대해 살펴보면 화이트칼라범죄에 대한 연구의 어려움과 낮은 관심의 이유도 이해할 수 있게 된다. 일반적으로 사람들은 강도, 폭행, 절도와 같은 범죄에 대해서는 구체적인 법조항을 제시하지는 못하더라도 어떤 행동을 해야 이런 범죄를 구성하는지에 대해 상식의 수준에서 알고 있다. 하지만 횡령, 배임과 같은 경제범죄의 개념에 대해서는 잘 모르는 모습을 보이고, 여기서 더 나아가 주가조작, 가격담합, 분식회계와 같은 용어들이 나오면 전혀 모른다 해도 이상할 일이 아니다. 화이트칼라범죄라고 불리며 세계적으로 관심을 받았던 사건들은 대부분 대기업의 계열사 분리 과정에서 나타난 주식 매매, 대기업의 성장 과정에서 나타나는 횡령, 뇌물과 같은 사건이거나 대기업의 공장에서 시작된 환경오염과 같은 사건들이었다. 사람들이 화이트칼라범죄에 대한 관심이 상대적으로 적은 것은 이런 이유에서다.

● 범죄 사건에 대한 관심

뉴스에서 두 건의 범죄에 대해 보도를 하는 경우를 생각해보자.
첫 번째 사건은 대기업 간부들의 대규모 횡령 사건이고, 두 번째 사건은 한 사람이 강도를 만나 지갑과 귀중품을 빼앗기고 폭행을 당한 사건이다.
첫 번째 사건의 보도에서는 아마도 높은 빌딩이 배경화면으로 나올 것이고, 두 번째 사건의 보도장면에서는 폭행피해로 인해 몸과 얼굴에 상처를 입은 사람의 얼굴이 가려진 채 나올 것이다.
과연 어떤 범죄 사건이 사람들의 관심을 끌 것으로 생각되는가?

화이트칼라범죄와 대조되는 개념인 폭력, 절도, 강도 등의 범죄를 '노상범죄(Street Crime)'라고 부르기도 한다. 이런 종류의 범죄들은 사람들의 관심을 집중적으로 받게 된다. 범죄 사건을 중요도나 강약의 순서로 나열할 수는 없지만, 대부분의 사람은 피해자를 인식하게 되면 그 사건을 심각하게 받아들인다. 피 흘리고 쓰러진 피해자를 보게 되면 그 심각성은 더욱 높게 인지될 것이다. 하지만 화이트칼라범죄는 특정되는 피해자가 없는 경우가 대부분이다. 피해자가 특정되는 경우도 있으나 대

부분의 경우 관련된 모든 주변 사람들이 그 피해를 나누어 받게 된다. 단순 절도와 대기업의 경제범죄를 비교하면 대기업의 수많은 고객 중의 한 명으로서 받는 피해의 금액이 더 클 수도 있지만, 사람들은 가해자와 피해자가 특정된 범죄에 관심을 집중하게 된다. 따라서 환경범죄나 경제범죄 같은 유형의 화이트칼라범죄는 피해자 없는 범죄로 불리기도 하며 그에 대한 관심도 상대적으로 적고, 피해자의 특정이 되지 않고 사건이 끝나버리는 경우도 있어 학자들의 연구에서도 소홀하게 여겨지고 있다. 배심원제도를 활용하는 미국의 재판 과정에서 배심원들에게 사건과 관련된 영상이나 과학적인 증거를 제시할 경우에 유죄판결의 확률이 높아지는 현상도 비슷한 이유에서일 것이다.

투란도트와 화이트칼라범죄

오페라에 등장하는 투란도트는 분명히 범죄자이다. 타인의 생명을 해하는 살인죄를 저지르는 범죄자이다. 투란도트에 의해 죽임을 당한 남성들이 그 죽음에 동의했다 하더라도 그건 명백한 범죄다. 우리 형법에서는 제252조의 촉탁, 승낙에 의한 살인 등의 죄에서 피해자의 동의나 요청이 있었다 하더라도 생명을 해하는 살인의 죄는 처벌을 하도록 명시하여 생명이라는 최고의 가치를 보호하는 법적 의지를 보여주고 있다. 투란도트의 범죄가 화이트칼라범죄에 속하는지는 앞서 설명한 화이트칼라범죄의 정의에서 서덜랜드의 입장에 속한다고 볼 수 있다.

> 형법
> 제252조【촉탁, 승낙에 의한 살인 등】① 사람의 촉탁 또는 승낙을 받아 그를 살해한 자는 1년 이상 10년 이하의 징역에 처한다.

투란도트는 중국의 공주로 아주 높은 사회적 지위를 가지고 있어 범죄를 저지르는 사람의 지위로 화이트칼라범죄를 정의한 서덜랜드의 설명에 포함된다. 살인은 노상범죄의 대표적인 범죄이다. 또한 우리나라는 살인범죄가 매년 1,000건 내외 정도 발생하여 살인 범죄율이 다른 국가와 비교하여 상대적으로 높은 편이 아니지만, 보통사람들은 살인을 포함하여 강도, 강간, 방화와 같은 강력범죄에 대해 매우 민감하게 반응한다. 앞서 설명하였듯이 피해자가 특정되고 그 피해자에 대한 언론의 묘사 때문일 것이다. 실제로 대표적인 화이트칼라범죄인 지능범죄와 비교하여 강력범죄는 그 발생 건수가 아주 적지만 사람들은 강력범죄에 대해 많은 두려움을 가지고 반응하며, 지능범죄에는 둔감하다.

▌주요범죄 발생비율: 2012~2016년

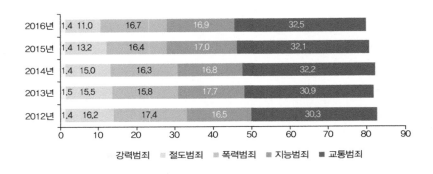

출처: 경찰청 경찰범죄통계

• 주요타자(Significant Others)

사회학자 설리반(H. S. Sullivan)이 처음 사용한 용어로 한 개인에게 사회적으로 가장 큰 영향을 주는 사람을 말한다. 사람은 행동하거나 판단을 하는 과정에서 자신에게 중요한 다른 사람을 고려하게 되는데, 부모, 교사, 또래 친구가 대표적인 주요타자이다. 범죄학에서도 타인의 영향을 고려할 때에 이들 세 집단을 중심으로 진행된 연구가 많다.

• 애착 실험연구

볼비(John Bowlby, 1907~1990)는 2차 세계대전 당시 군의관으로 복무하며 전쟁을 경험하였다. 전쟁으로 부모를 잃은 아동들에 대한 관심을 전쟁 이후에 연구로 발전시켜 단순히 의식주를 제공받았다 하더라도 애정을 받지 못한 경우에는 사회적으로 안정적인 성장을 하지 못하는 가능성을 설명하는 애착이론을 발표하였다.

할로(Harry Harlow, 1905~1981)의 애착 실험은 볼비의 애착이론을 지지하는 근거로 설명되고 있다. 할로는 새끼 원숭이를 어미 원숭이와 격리한 상태로 가짜 어  미 원숭이와 함께 두는 실험을 하였다. 가짜 어미 원숭이는 두 종류였다. 하나는 따뜻함과 포근함이 느껴지는 전구에 수건을 감싼 어미 원숭이 모형이고 다른 하나는 차가움이 느껴지나 먹을 것을 제공하는 철사로 된 젖병이 달린 어미 원숭이 모형이었다. 놀랍게도 새끼 원숭이는 따뜻한 수건 원숭이 모형에 매달리는 시간이 많았으며, 공포심을 주려 새끼 원숭이를 놀라게 했을 때에도 수건을 감싼 원숭이 모형으로 달려가 안기는 모습을 보여 영양의 공급보다 안락함과 포근함이 중요하다는 주장으로 애착이론의 근거가 되었다. 참고로 이 시기 미국 사회에서는 아기를 따로 재우거나 자주 안아주면 안 된다는 육아 방법이 인기를 끌고 있던 시기로 이 실험 결과는 사회적으로 큰 파장을 불러일으키기도 하였다.

- **피해자 없는 범죄**

범죄학에서 범죄를 구분하는 유형 중에는 '피해자 없는 범죄'라는 카테고리가 있다. 범죄라는 행위가 구성되기 위해서는 최소한 피해자와 가해자가 최소한 한 명씩, 총 두 명의 사람이 필요하다. 범죄 행위가 이루어지는 동안 두 사람을 특정할 수 없다 하여도 그 이후의 형사 절차의 진행을 위해서는 반드시 이 두 사람이 필요하다.

피해자 없는 범죄가 실제로 있을까?

엄격하게 따져보면 피해자 없는 범죄는 있을 수 없다. 어떤 상황에도 범죄는 행위를 실행한 가해자와 그 행위에 대상이 되는 피해자가 존재하게 된다. 단지 폭행, 강도와 같은 노상범죄와 비교하여 그 피해자의 성격이 다른 환경범죄나 경제범죄 혹은 매춘이나 마약과 같이 피해자의 의미가 다른 범죄와 매우 다른 유형의 범죄를 설명하기 위해 학술적으로 붙여진 용어이다.[9]

환경오염 물질 배출과 같은 환경범죄와 주가조작, 가격담합과 같은 경제범죄는 피해자를 특정할 수 없거나 특정하기가 어려운 이유로 피해자 없는 범죄로 분류된다. 이런 범죄의 경우 피해자의 수가 특정하기 어려운 수준으로 많거나 전체 소비자, 국민 전체일 수도 있다. 반면 도박, 마약이나 매춘과 같은 범죄의 경우에는 피해자와 가해자의 구분이 힘든 이유

....

9 이윤호, (2014), 「범죄, 그 진실과 오해」, 박영사.

로 피해자 없는 범죄로 분류된다. 매춘여성이나 약물을 투여한 당사자를 피해자이자 가해자라고 피해자와 가해자를 동일인으로 보는 입장이 있으나 이에 반대하여 그들이 가해자이고 그들의 가족이나 사회 전체가 피해자하고 보는 입장도 있다.

• CSI 효과

CSI 신드롬이라고 불리기도 하는 CSI 효과는 TV 프로그램 'CSI: Crime Scene Investigation'의 대중에게 미치는 영향에 관해 설명하는 용어이
다. CSI 효과라는 용어는 2004년 과학수사를 주제로 한 TV 프로그램이 재판에 미치는 영향을 설명하는 'USA Today' 신문기사에서 처음으로 등장하였다. 배심원제도를 활용하는 미국에서 배심원들이 일반적인 증거나 검사의 발언보다 과학수사로 입증된 증거에 더 영향을 많이 받는 현상을 말한다. 실제로 DNA[10] 감식 결과를 증거로 제시할 경우에 배심원들이 유죄평결을 할 확률이 높아진다는 연구결과가 나오기도 했다.
과학수사로 입증된 증거의 효력이 다른 증거보다 재판에 더욱 강력한 영향을 미치는 현상을 말한다.

---

10 위키피디아 사전 참고. https://en.wikipedia.org/wiki/CSI_effect.

핵심개념

- 합리적 선택이론
- 억제이론
- 사회유대이론
- 애착이론
- 애착 실험
- 화이트칼라범죄
- 피해자 없는 범죄

오페라 속 아리아

- 「잠 못 이루고(Nessun dorma)」
- 「주인님, 들어보세요(Signore, Ascolta!)」
- 「얼음이 되어야 하는 그대(Tu che di gel sei cinta)」
- 「가슴속에 숨겨진 이 사랑(Tanto amore segreto)」
- 「이 궁전에는(In questa reggia)」
- 「울지 마라, 류야(Non piangere, Liù)」

1. 합리적 선택이론을 생각하며 범죄자들도 범죄를 저지르기 전에 합리적인 사고 과정을 거치는 것인가에 대해 생각해 봅시다.

2. 위의 질문에서 만약 범죄자가 범죄를 저지르는 행동을 하는 과정에서 합리적인 사고를 하지 못한다고 생각한다면, 범죄자의 합리적인 사고를 방해하는 요인에 대해 생각해 봅시다.

3. 허쉬는 사회유대이론에서 주변의 주요한 사람들과의 애착이 범죄를 통제하는 기제로 작용한다고 주장하였습니다. 범죄예방을 위한 애착의 형성과 관련된 정책적 노력에는 어떤 것들이 있는지 생각해 봅시다.

4. 투란도트는 겉으로 보기에는 부족한 것이 없는 공주로 보이나, 아마도 그녀의 주변에 있는 사람들과의 사회유대는 매우 약했을 것으로 생각됩니다. 오늘날 우리 사회에서 투란도트와 같은 상황에 처한 사람들이 어떤 사람인지 생각해보고, 이들이 사회유대를 회복하게 하기 위해서는 어떤 전략이 필요한지 생각해 봅시다.

5. 화이트칼라범죄는 일반범죄와 다르게 피해자가 특정되지 않는 경우도 있습니다. 범죄 행위와 가해자는 특정되었으나 피해자가 특정되지 않는 범죄에는 어떤 것들이 있는지 생각해 봅시다.

07

세비야의 이발사

Sevilla a barber

"Dear smiling image,
Sweet thought of happy love,
you burn in my breast, in my heart.
I am delirious with you."

사랑한다면 이들처럼!

세비야의 이발사

세비야의 이발사 오페라 이야기

세비야의 이발사는 오늘날 인기 있는 장르인 로맨틱 코미디에 속하는 오페라이다. 초기의 오페라는 대부분 사랑하는 남녀가 비극적인 결말을 맺는 내용이 주를 이루었다. 하지만 로시니의 오페라 "세비야의 이발사"는 막이 올라가는 순간부터 마지막까지 유쾌하게 전개된다. 스토리의 전개도 빠르며 오페라에서 연주되는 아리아도 경쾌한 멜로디로 이어진다. 이 작품이 1775년 연극으로 초연된 이후 오페라로 자리 잡고 200년이 넘는 시간이 흐른 지금까지도 대중에게 사랑받는 이유는 이러한 유쾌함 때문일 것이다.

1막 피가로! 우리의 사랑을 이루어주세요.

1막에서는 로지나에게 반한 알마비바 백작이 로지나에게 접근하기 여러 가지 방안을 모색하는 모습을 그렸고, 2막에서는 피가로의 도움으로 로지나를 만나는 알마비바 백작의 모습을 그렸다.

1막이 시작되면 알마비바 백작이 자신이 사랑에 빠진 로지나를 만나기 위해 사람들과 고민을 한다. 그러던 알마비바 백작에게 피가로가 나타난다. 피가로는 알마비바 백작과 오래전 알고 지낸 사이로 지금은 로지나가 사는 마을에서 이발사로 일하고 있다. 직업을 이발사라고 소개하지만, 피가로는 그가 부르는 아리아에서 나오듯이 이 마을의 만능일꾼이다.

피가로가 알마비바에게 자신을 소개하듯이 부르는 아리아는 우리에게도 친숙한 "나는 마을의 만능일꾼(Largo Al Factotum)"이다. 오페라의 초반부터 흘러나오는 이 친숙한 멜로디는 이 오페라가 얼마나 유쾌한지 보여 준다. 피가로는 마침 로지나의 집에서 이발은 물론 정원관리와 보수 등의 일을 돕고 있다며 자신이 없다면 그 집은 못도 박지 못 할 거라고 큰소리를 친다. 알마비바 백작은 로지나에 대해 잘 아는 피가로에게 자신이 로지나에게 한눈에 반했으며 로지나를 만나기 위해 먼 길을 왔다고 말하며 도움을 요청한다. 하지만 피가로가 들려주는 이야기는 알마비바 백작을 더욱 좌절하게 만든다. 알마비바 백작이 로지나의 아버지라고 생각했던 인물은 로지나의 아버지가 아닌 후견인이며 그는 로지나의 젊음과 재산에 대한 욕심으로 로지나와 혼인까지 계획하고 있다는 것이다. 바르톨로라는 후견인은 늙고 탐욕스럽기로 소문이 자자하고 로지나가 다른 남자를 만나지 못하게 하려고 로지나를 집에 감금하다시피 키워왔다. 로지나는 외출도 못 하고 거의 집에서만 머물며 만약 로지나가 외출을 한다고 해도 바르톨로가 로지나가 다른 남자를 만나도록 가만히 있지는 않으리라는 것이다.

피가로는 알마비바 백작에게 로지나에게 당당히 찾아가서 청혼하라고 권유하지만 알마비바 백작은 자신의 부와 지위가 아닌 그대로의 모습을 로지나가 사랑해주길 바라며 피가로의 입단속을 한다. 로지나는 백작이 가난한 대학생인 줄 알고 있기 때문이다.

피가로의 도움으로 로지나를 만나기 위해 노력하지만 모든 노력은 수포로 돌아간다. 로지나의 방 창문 밑에서 새레나데를 불러보기도 하고 로지나가 밖으로 나오기를 기다리기도 하고 피가로가 로지나에게 대학생인 척 기다리는 백작을 만나고 오라고 일러주기까지 하지만 모두 실패하게 된다. 결국 군인으로 변장한 알마비바 백작이 로지나의 집을 방문하려 하지만 바르톨로가 로지나를 감시하며 로지나가 다른 남자를 만나지 못하게 방해하고 있어서 로지나는 만나지도 못하고 돌아선다. 피가로는 백작에게 로지나의 집에 자주 드나드는 로지나의 음악 선생님 바르실리오에 대해 이야기 해주며 바르실리오로 변장해서 로지나를 만나러 가라고 조언한다.

2막 진정한 사랑의 승리

2막에서는 피가로의 조언대로 로지나의 음악 선생님으로 변장한 알마비바 백작이 로지나의 집에 성공적으로 방문한다. 바르톨로는 변장한 음악 선생님을 수상하게 여기고 알마비바 백작은 자신이 음악 선생님이라고 주장하며 서로의 속마음을 캐묻는 아리아 또한 매우 경쾌하고 즐겁다. 결국 로지나는 음악 선생님이 변장한 알마비바 백작이라는 것을 눈치채지만 아직도 그의 진짜 정체는 모른 채 자신이 호감을 느낀 대학생으로 생각한다. 둘은 바르톨로 몰래 밤에 몰래 도망치자고 이야기를 나누지만, 이 사실을 눈치 챈 바르톨로는 그날 밤에 로지나와 혼인을 하려고 서두른다. 결혼공증인을 서둘러 부르지만 결국 불려온 결혼공증인은 로지나와 알마비바 백작의 진정한 사랑의 편에 서게 되고, 둘은 혼인을 서약하게 된다.

이 오페라는 끝나는 순간까지 로맨틱하고 코믹하다. 알마비바 백작은 로지나에게 자신의 신분을 밝히고 둘은 사랑을 확인하게 되고, 바르톨로는 자신이 믿었던 바르실리오에게 배신을 당한다. 늙고 탐욕스러운 후견인은 결국 아무것도 얻지 못하고, 가난한 학생인 줄 알고도 그의 용기와 자신을 향한 사랑만을 믿은 로지나와 포기하지 않고 로지나와의 만남을 위해 온갖 방법을 다 동원한 알마비바 백작은 행복한 결실을 보게 된다.

극 중에 알마비바 백작의 정체를 로지나보다 먼저 알게 된 바르톨로가 알마비바 백작이 로지나에게 접근하지 못하게 하려고 고민하다가 자신의 친구이자 로지나의 음악 선생님인 바르실리오에게 조언을 구하는 장면이 나온다. 이때 바르실리오는 탐욕가득한 아리아를 부르게 되는데 그 아리아가 "비방(La Calunnia)"이다. 험담은 산들바람처럼 퍼져나가 결국 그 사람을 파멸에 이르게 한다는 내용의 아리아는 내용은 무겁지만, 매우 빠르게 전개되어 이 아리아가 끝나면 바르실리오를 연기한 배우는 항상 박수갈채를 받게 된다.

세비야의 이발사가 초연되고 인기를 끌었던 당시에 오페라는 귀족들의 여가생활이었지만 이 오페라에서는 피가로라는 신분을 종잡을 수 없는 인물을 통해 귀족들의 행실을 비판하기도 하였다. 피가로는 이 오페라에서 차지하는 역할에 비해 그의 아리아와 극 중 이름이 더 많이 알려져 있기도 한 인물이다. 세비야의 이발사와 유사한 스토리를 가진 우리나라의 춘향전이 양반에 대해 묘사하고 있지만, 사실은 양반 사회를 비판하는 풍자극으로 불리듯이 세비야의 이발사도 이 시대 서민들의 생각을 반영했다는 평가를 받기도 한다.

오페라 속 범죄학

학습이론

"친구 따라 강남 간다"라는 속담이 있다. 오페라 세비야의 이발사와 함께 살펴 볼 학습이론을 잘 설명해 주는 속담이다. 학습이론에서는 범죄의 원인을 학습으로 보고 있다. 학습이론에서 말하는 학습의 객체는 범죄만을 말하는 것은 아니다. 범죄학의 범위를 벗어나서 사회의 모든 행동이 학습된다는 큰 범위의 학습이론에 범죄라는 사회적인 행동의 학습이 추가된 것이다. 따라서 범죄의 학습은 다른 학습과 다르게 특별한 과정을 거치는 학습을 의미하는 것이 아니라 범죄 행동 또한 보통의 사회적 행동과 마찬가지로 학습된다고 설명하고 있다. 학습이론에서 말하는 수많은 사회적 행동 중에서 범죄라는 사회적 행동이 차지하는 비율은 일부분이겠지만 이 일부분이 차지하는 사회적 파장은 그 이상일 것이다.

차별적 접촉이론

차별적 접촉이론을 발표하며 범죄에 대한 학습의 기초를 제시한 학자는 서덜랜드(Sutherland, 1974)이다. 차별적 접촉이론은 범죄 행위도 다른 사회적 행동처럼 학습을 통해 배우며, 이 학습은 친밀한 관계에 있는 사람과의 의사소통을 통한 상호작용으로 이루어진다고 설명하였다. 덧붙여 서덜랜드는 차별적 접촉이론에서 범죄 행위의 학습은 다른 일반적인 학습 과정의 메커니즘과 다르지 않다고 설명하였다. 기존의 범죄학에서 주장했던 범죄는 특정집단에서만 발생한다는 함정에서 벗어난 것이다. 따라서 차별적 접촉이론에 따르면 범죄를 저지르는 특정한 인종이나 연령, 성별, 사회적, 경제적 지위는 정해져 있는 것이 아니다.

여기서 차별적 접촉이론에 대한 자세한 설명에 들어가기 전에 먼저 서덜랜드의 다른 업적에 대해 이해할 필요가 있다. 특정한 집단이나 대상에게서만 범죄성을 찾으려 했던 함정에서 벗어날 수 있었던 것은 서덜랜드가 차별적 접촉이론을 발표하기 전에 제시했던 새로운 개념에서 찾을 수 있다.

1939년 서덜랜드는 화이트칼라범죄(White-Collar Crime)라는 개념을 처음으로 제시했다. 당시 범죄학에서는 범죄는 사회적, 경제적으로 낮은 지위를 가진 사람들의 전유물로 생각하던 때이기 때문에 서덜랜드가 제시한 개념은 매우 충격적이었을 것이다. 화이트칼라 곧 와이셔츠를 입고 일터로 가는 전문직 종사자들도 범죄를 저지른다고 주장한 것이다. 이러한 새로운 개념의 제시가 서덜랜드의 차별적 접촉이론에 큰 영향을 주었을 것이다. 서덜랜드는 이미 화이트칼라범죄라는 개념을 제시하며 범죄를 저지르는 것이 특정한 집단에 국한되지 않는다는 것을 인정하였고, 그의 이론도 이러한 생각을 이어간다.

차별적 접촉이론은 그 내용을 수차례 수정하고 보완해 가며 발전해

왔다. 따라서 차별적 접촉이론의 기본명제를 아는 것만큼 이 이론이 어떤 비판을 받았고, 그 비판에 따라 어떻게 다시 수정되었는지 과정을 함께 살펴보는 것이 중요하다.

차별적 접촉이론은 범죄가 학습되는 과정을 구체화하는 9가지 원리를 제시하였다.[1]

● 차별적 접촉이론의 9가지 원리

1. 범죄 행동은 학습된다.
2. 범죄 행동은 다른 사람과 의사소통을 하는 상호작용으로 학습된다.
3. 범죄 행동 학습의 주요한 부분은 친밀한 관계를 맺은 집단 내에서 일어난다.
4. 범죄 행위의 학습은 첫째, 범죄를 저지르기 위한 매우 복잡하거나 혹은 매우 간단한 기술과 둘째, 구체적인 동기, 욕구, 합리화, 태도 등을 포함한다.
5. 동기와 욕구에 대한 구체적인 학습은 법 규정에 대한 우호적인 관점과 비우호적인 관점으로부터 학습된다.
6. 일탈 행동을 하게 되는 것은 법 규정을 위반하는 것에 대해 우호적인 태도가 법 규정을 위반하는 것에 비우호적인 태도를 초과하기 때문이다.
7. 차별적 접촉은 빈도, 기간, 우선성, 강도에 따라 다르게 나타난다.
8. 범죄적인 성향과 반 범죄적인 성향에 대한 차별적 접촉의 학습 과정은 다른 학습의 메커니즘을 모두 포함한다.
9. 범죄 행동은 일반적인 욕구와 가치에 대한 표출이지만, 일반적인 욕구와 가치로 범죄를 설명할 수 없다. 비 범죄적인 다른 행동들도 모두 같은 욕구와 가치의 표출이기 때문이다.

---

1 E.H. Sutherland & D.R. Cressey (1974), Criminology, Nineth Edition, pp. 75~76, Philadelphia, PA: Lippincott.

차별적 접촉이론의 9가지 원리는 범죄 행동이 학습되는 구체적인 과정을 제시하고 있다. 이 원리들을 살펴보면 서덜랜드는 범죄의 학습이 범행기술의 학습만을 의미하는 것이 아니라 범행에 대한 태도나 동기와 같은 규범적인 가치의 학습을 포함한다고 주장하고 있으며, 또 학습 과정은 친밀한 집단에서 상호작용을 통해 일어난다고 설명하고 있다. 서덜랜드는 자신의 이론을 몇 차례 수정하는 과정에서도 이 두 가지 중점적인 내용은 유지했다. 서덜랜드가 주장한 중점적인 내용이 미드(Mead, 1863~1931)의 상호작용이론에 영향을 받았다고 이야기하기도 한다.

차별적 접촉이론은 많은 학자에 의해 검증되었으며, 많은 관심만큼 많은 비판도 받았다. 또한 비판의 과정에서 서덜랜드의 영향을 받은 학자들이 그의 이론을 수정, 보완하며 발전시켰다.

차별적 강화이론

차별적 접촉이론이 받은 비판 중 하나는 차별적 접촉으로 범죄를 학습한다는 무조건적 학습에 대한 비판이었다. 사람은 법률위반에 호의적인 범죄성을 가진 집단에 속해있다 하더라도 자신 주변의 가치나 행동을 무조건 학습하는 것이 아니며 학습된 행동을 함으로써 발생할 결과에 대해 주변의 반응을 의식한다는 것이다. 버제스와 에이커스(Burgess & Akers)는 이와 같은 비판점을 수정, 보완하여 차별적 강화이론을 발표하게 된다.

차별적 강화이론은 인간의 행위는 서덜랜드의 주장대로 직접적인 접촉을 통해 학습되기도 하지만 다른 사람의 행위를 모방하면서 학습되기도 한다고 주장하며, 무엇보다 무조건적 학습이 아닌 행동에 대한 결과, 곧 사회적 반응에 따라 학습이 강화되거나 약화된다고 설명하였다. 구체적으로 학습의 과정이 단순히 (접촉 → 일탈 행동)의 과정이 아니라 (접촉 → 차별적 강화 → 일탈 행동)의 과정을 거치게 되는 것이다. 여기에 추가된 차별적 강화의 과정에 따라 그 행동이 지속될지 중단될지가 결정되게 된다.

　예를 들어 청소년이 비행성향이 있는 친구들과 친하게 지내면서 일탈 행동을 학습하는 상황을 생각해보자. 평소 자주 만나고 친하게 지내는 친구의 흡연을 따라 담배를 피우게 되었다면 여기까지가 차별적 접촉이론이 주장하는 학습 과정이다. 하지만 차별적 강화이론에서는 이후의 과정을 추가하였다. 강화의 과정은 두 가지로 나누어지게 된다. 친구를 따라 담배를 피우다가 선생님에게 발각되어 심하게 혼나게 되었다면 이러한 처벌은 이 행동을 중단시키는 작용을 하게 될 것이다. 하지만 반대로 선생님에게 발각되지 않고 오히려 주변의 친구들이 "멋있다"고 칭찬을 했다면 이러한 보상은 이 행동을 지속시키는 작용을 하게 될 것이다. 이 두 가지 상황처럼 직접적인 처벌과 보상의 과정을 통해 차별적 강화가 될 수도 있지만, 버제스와 에이커스는 간접적인 경험도 영향을 미친다고 설명한다. 비행친구가 흡연을 하는 행동에 대한 처벌이나 보상의 상황을 지켜보는 간접 경험만으로도 학습의 강화가 일어난다는 것이다.

자아관념이론

　자아관념이론은 차별적 접촉이론에 제기된 근본적인 비판을 근거로 발표된 이론이다. 친밀한 집단과의 상호작용을 통해 범죄를 학습한다고 주장한 차별적 접촉이론은 범죄성을 가진 집단과 접촉을 하는 모든 사람이 범죄자가 되는 것은 아니라는 비판을 받았다. "왜 어떤 사람은 범죄자와 친밀한 관계를 가져도 범죄를 저지르지 않을까?"라는 의문에 대한 답을 제시하는 이론이 바로 자아관념이론이다.

레클레스와 디나이츠(Reckless & Dinitz)는 자아관념이론에서 이런 사람들이 범죄를 저지르지 않는 이유는 자아관념 때문이라고 설명한다. 자아관념이란 자신에게 중요한 다른 사람들을 고려하는 인식이다. 좋은 자아관념을 가지고 있는 사람은 외부로부터 비행적 영향이나 유인에 영향을 받지 않고, 나쁜 자아관념을 가지고 있는 사람은 주변의 비행적인 유인을 학습하는데 억제로 작용하는 기제가 없어 그대로 영향을 받는다는 것이다.

앞서 제시한 의문에 대해 범죄성에 대한 학습이 다르게 나타나는 것은 개인의 자아관념이 다르기 때문이라고 설명한다. 차별적 접촉이론의 단점을 일부 보완하였지만 자아관념이론도 여전히 비판을 받았다. 자아관념을 구분하는 기준이 명확하지 않고 기준이 되는 항목들이 자아관념을 측정하기보다는 비행 원인 자체를 측정한다는 점과 또한 자아관념이 다르게 습득되는 것에 대해 설명을 하지 못한다는 점이다. 일부 학자들이 자아관념이 형성되는 기준을 부모의 훈육, 사회유대 등으로 설명하기도 하였으나 이는 동어반복의 설명일 뿐 명확한 설명을 제시하지는 못한다.

차별적 동일시 이론

차별적 동일시 이론은 현대의 심각한 사회문제로 여겨지는 모방범죄에 대한 설명을 가능하게 하는 대표적인 이론이다. 서덜랜드가 차별적 접촉이론에 대해 여러 차례 수정하면서도 계속해서 중점적으로 주장했던 범죄의 학습이 친밀한 집단과의 직접적인 접촉을 통한다는 내용에 대한 수정을 시도한 이론으로 반드시 친밀한 집단이 아니어도, 직접적인 접촉을 하지 않아도 학습할 수 있다고 설명하고 있다.

서덜랜드가 주장한 범죄의 학습이 다른 학습 과정과 다르지 않다는 전제는 그대로 유지하고 차별적 동일시 이론을 생각해 본다면 이해하기 쉽다. 사람들은 텔레비전에 나오는 배우나 가수의 헤어스타일이나 복장을 따라 하며 이런 모방 행동은 전혀 이상한 것으로 받아들여지지 않는다. 우리가 연예인과 친밀한 관계를 유지하거나 그들과 직접 만나서 그들의 행동을 학습하는 것이 아니라 단지 그 모습을 따라 할 뿐이다. 글레이져는 이러한 기제를 동일시라고 표현하며 친밀하거나 직접적인 접촉이 없어도 범죄적 역할을 동일시함으로써 범죄 행위를 학습한다고 설명하였다.

하지만 차별적 동일시 이론도 어떤 사람이 범죄적 역할에 대해 동일시하고 어떤 사람이 그렇지 않은지에 대한 답을 제시하지는 못했다.

중화이론

사이키와 마차(Sykes & Matza, 1959)의 중화이론은 다른 학습이론들과는 큰 차이가 있다. 서덜랜드의 차별적 접촉이론의 수정, 보완이론으로 분류되기도 하지만 학자에 따라서는 독립적인 하나의 이론으로 설명하는 경우도 있다. 차별적 접촉이론을 비롯한 학습이론들이 범죄 동기나 법률위반에 대한 태도, 범행기술 등의 범죄에 대한 학습을 중요하게 생각하는 것과 달리 중화이론에서는 범죄 행동에 대한 가치를 판단하는 중화라는 기술을 학습한다고 설명한다. 중화기술을 습득한 범죄자는 자신의 범죄 행위에 대해 다양한 중화 방법을 써서 범죄 행위에 정당성을 부여하게 된다.

사이키와 마차가 설명하는 중화는 무엇일까?

중화이론의 중화는 원어로 "Neutralization"이라는 단어를 쓴다. 자동차 기어를 떠올리면 중화에 대해 더 쉽게 이해할 수 있을 것이다. 우리가 자동차를 운전하게 되면 자동차의 기어를 앞으로 갈 때는 'D', drive에 놓게 되고, 뒤로 갈 때는 'R', reverse에 놓게 된다. 이때 전진과 후진, 'D'와 'R' 사이에 'N' 기어는 전진도 후진도 하지 않는 상태이지만, 자동차가 기울어진 길에 서 있다면 운전자의 의지와 상관없이 그 길에 따라 움직이게 되는 상태이다. 가운데 있는 기어의 'N'이 바로 'Neutralization'이다. 중화이론에서도 중화를 하는 상태를 중립 기어에 있는 자동차처럼 표류한다고 표현한다. 범죄자는 관습적인 가치와 범죄적인 가치 사이를 표류하고 있던 사람이 범죄적인 가치를 따르게 되면 그 행위에 대한 정당성이 필요하게 되고 그때 중화기술을 사용하게 되는 것이다.

중화이론에서는 다섯 가지 중화의 기술을 제시했다.

첫째, 책임의 부정이다. 자신이 저지른 행동에 대해서는 인정하지만, 그 행동은 자신이 의도한 것이 아니며, 자신의 환경이나 주변인에게 책임을 전가하는 것이다. 예를 들어, 절도를 저지르고 남의 물건을 훔친 것은 맞지만 부모가 자신을 이렇게 가르쳤다고 하거나 술에 취해서 저지른 일이기 때문에 내 책임이 아니라고 변명하는 것을 말한다.

둘째, 손상의 부정이다. 자신이 저지른 행동이 잘못된 것임을 인정하지만 그 행동으로 인한 손상은 없었다고 손해를 부정하는 것이다. 예를 들어, 물건을 훔치고 주인이 없는 물건이라고 하거나 돈을 훔치고 돈 많은 사람의 돈을 훔쳤기 때문에 손해가 발생하지 않았다고 하는 것을 말한다.

셋째, 피해자의 부정이다. 자신의 행위의 위법성과 피해사실을 모두 인정하지만, 피해를 당한 사람의 피해자 지위를 인정하지 않는 것이다. 예를 들어, 폭행을 저지르고 맞을 만한 짓을 한 사람을 때렸으니 상대는 피해자가 아니라고 하는 식으로 피해자의 권리를 무시하는 것을 말한다.

넷째, 비난자에 대한 비난이다. 자신을 비난하는 사람에 대하여 비난을 함으로써 그런 사람이 자신의 잘못을 비난해서는 안 된다고 합리화하는 것으로 대표적으로 친구와 다툰 아동이 부모에게 혼날 때 엄마, 아빠도 서로 싸우지 않느냐라고 대답하며 자신을 비난하지 못하게 중화하는 것을 말한다.

다섯째, 충성심에의 호소이다. 자신의 행위가 위법하고 피해를 주었다는 것을 모두 인정하지만 그럼에도 불구하고 자신은 그럴 수밖에 없었다며 자신의 친구나 상사를 이유로 제시하는 경우를 말하며 조직폭력 집단의 조직원이나 횡령죄를 저지른 회사원이 상사나 회사에 대한 핑계를 대는 것을 말한다.

앞서 살펴본 청소년 범죄자에게서 많이 나타나는 중화기술은 자신의 행동을 정당화하기 위한 '핑계', '변명'이라고 생각할 수 있다. 실제로 중화이론에서 주장하는 대로 범죄자들은 자신이 저지른 범죄 행동의 어느 정도를 인정한다고 해도 완전하게 인정하지는 않는 경우가 많이 나타나고 있다.

바르실리오의 영향

로지나의 후견인 바르톨로는 오페라에서 탐욕에 가득 찬 인물로 묘사된다. 그는 로지나에게 물려진 많은 유산이 탐나서 어린 로지나를 감금하다시피 지내게 하며 자신과 혼인하려 한다. 로지나가 다른 남자와 사랑에 빠지면 모든 것이 물거품이 되는 상황에서 알마비바 백작이 나타나 로지나에게 관심을 보이자 바르톨로는 그런 상황을 막기 위해 노력한다. 이때 바르톨로는 로지나의 음악 선생님인 바르실리오에게 조언을 구한다. 바르실리오는 바르톨로에게 알마비바 백작이 로지나에게서 멀어지게 하는 방법을 알려주게 되는데, 이때 바르실리오가 제시하는 방법은 비합법적인 방법뿐이다. 알마비바에 대한 나쁜 소문을 퍼뜨리면 알마비바에 대한 로지나의 마음도 변할 것이라는 것이다. 바르톨로는 바르실리오와 함께 알마비바에 대한 나쁜 소문을 퍼뜨리기도 하고 로지나를 더욱 구속하여 밖으로 나가지 못하게 하기도 한다.

바르톨로라는 탐욕이 가득한 인물이 바르실리오와 접촉을 하게 됨으로서 나쁜 영향을 받은 것이다. 차별적 접촉이론에서의 설명대로 평소 친밀한 관계를 유지하던 사람에게 범죄의 구체적인 내용까지 학습하게 된 것이다. 게다가 바르실리오는 바르톨로가 그런식으로 로지나를 가두어두고 밖에 못 나가게 하면 결국 혼인을 하여 로지나의 유산을 모두 손에 넣게 될 것이라며 자극을 하고 있다.

또한 오페라를 감상하다 보면 바르톨로가 로지나의 유산이 탐나서 로지나를 괴롭힌다는 사실을 그 마을에 사는 사람들은 대부분 알고 있다. 그 마을의 이발사인 피가로도 알고 있으며, 로지나를 옆에서 돌보는 유모도 알고 있다. 하지만 그들은 바르톨로에게 한 번도 그 행동에 대해 "안된다", "하지 말아라"는 말을 하지 않았다. 차별적 강화 이론에서 설명하는 강화의 두 가지 작용 중에서 처벌이 일어나지 않고 오히려 그런 행동이 격려를 받게 되며 바르톨로의 불법적인 행동이 강화되게 되는 것을 볼 수 있다.

로지나의 자아관념

오페라에 등장하는 로지나는 자아관념이론을 설명하기에 대표적인 인물로 보여진다. 로지나는 어린 나이에 부모님을 잃고 많은 유산을 물려받은 귀족가문의 소녀였을 것이다. 후견인이 된 바르
톨로의 탐욕으로 인해 로지나는 외부인과의 접촉이 거의 없는 상태로 바르톨로와 그녀를 가르치러 방문하는 바르실리오와 같은 선생님들과 접촉만 하고 살았을 것이다. 법규범에 대해 비호의적인 태도를 가진 사람들 사이에서 성장했다고 볼 수 있는 상황에서 로지나는 그들로부터 나쁜 영향을 받지 않았다. 긍정적인 자아관념을 가진 사람은 외부의 비행적 환경이나 유인으로부터 영향을 받지 않는다는 설명을 적용하면 로지나는 아주 긍정적인 자아관념의 소유자라고 생각할 수 있겠다.

자아관념이론은 개인이 가지는 자아관념의 성격에 따라 외부환경으로부터 비행적 영향을 억제하거나 자극을 받는다고 주장하였지만, 결정적인 역할을 하는 자아관념이 어떻게 형성되는지에 대해서는 설명이 부족하다는 비판을 받아왔다. 안타깝게도 오페라에서의 로지나의 긍정적인 자아관념도 어떻게 형성되었는지 알 방법은 없다. 로지나의 어린 시절도 부모님을 잃기 전 가족관계도 이야기 속에 나타나지 않기 때문이다. 그럼에도 불구하고 긍정적인 자아관념을 가지고 안 좋은 환경 속에서 결국 자신의 의지로 벗어나게 되는 주인공의 모습을 보여주고 있다.

오페라 속 범죄유형

학대

세비야의 이발사에서 로지나의 후견인 바르톨로의 불법적 행동에 대해 생각해보자. 바르톨로는 가족이 없는 로지나의 후견인이다. 오늘날의 법을 적용해본다면 오페라에 등장하는 로지나는 18세 미만에 해당하는 소녀라고 볼 수 있다. 법적으로 후견인을 지정하는 경우는 민법에 의해 친권자가 없는 미성년자에 대하여 그 미성년자의 신체와 재산을 보호하기 위하여 후견인을 지정하거나, 성인일 경우에는 '질병, 장애, 노령 등 그 밖의 사유로 인한 정신적 제약으로 사무를 처리할 능력이 결여된 사람'에 한하여 후견인을 지정하는 제도가 있다.

오페라에 등장하는 로지나는 후자에 속할 가능성은 없어 보이므로 미성년자일 가능성이 더 크다. 하지만 시대적인 상황과 오페라라는 일종의 픽션 속의 주인공이고 오페라의 마지막 부분에 자신의 결정으로 혼인을 하는 것으로 보아 미성년자라고 단정 지을 수는 없다. 하지만 오늘날의 상황에 대비하여 후견인의 역할이 전적인 보호자와 마찬가지이기 때문에 바르톨로의 행동을 살펴보면 로지나는 학대받는 아동이었다고 볼 수 있다. 바르톨로가 로지나와 혼인을 하기 위하여 로지나는 외출도 거의 하지 못하고 감금된 상태와 다름없이 지냈으며, 바르톨로는 로지나에게 오는 편지도 전달하지 않고 감추었다. 이러한 행동은 정신적 학대에 충분히 적용되며, 재산을 보호해 주어야 할 후견인이 그 재산을 마음대로 사용하는 것도 불법적 행동이다.

우리나라의 형법을 적용해 본다면 자신이 보호해야 할 사람을 학대하는 것은 범죄이며, 18세 미만의 대상에게 적용되는 아동복지법에 따르면 상습적이거나 신고의무 있는 자가 학대할 경우 형법에서 정한 형의 2분의 1까지 가중처벌 받게 된다.

> **형법**
> 제273조 【학대, 존속학대】 ① 자기의 보호 또는 감독을 받는 사람을 학대한 자는 2년 이하의 징역 또는 500만 원 이하의 벌금에 처한다.

명예훼손

오페라에서 바르톨로와 바르실리오는 어떻게 알마비바 백작을 로지나로부터 떼어놓을 수 있을지에 대해 의논을 하게 된다. 이때 바르실리오가 제시한 아이디어는 백작에 대한 나쁜 소문을 퍼뜨려서 백작이 스스로 마을을 떠나게 하자는 것이었다. 바르실리오는 이 아이디어를 제시하며 별로 힘들지 않은 일이라고 표현하기도 한다. 나쁜 소문을 몇 명에게만 이야기하면 그런 안 좋은 소문은 빠르게 퍼져나가기 때문에 알마비바가 소문이 사실이 아니라고 알리고 다녀도 사람들은 더 이상 듣지 않게 될 것이라고 설명을 덧붙이기도 하였다. 실제로 오늘날에도 잘못된 소문으로 명성이 떨어지는 유명인들을 우리는 자주 목격한다. 소문이 사실이 아닌 것으로 밝혀진다고 하더라도 대중은 이미 마음을 돌리게 된다. 바르실리오의 말처럼 안 좋은 소문은 실제로도 빠르게 퍼지고 사람들은 사실여부에 관계없이 그런 소문에 더욱 민감하게 반응하기도 한다.

> **형법**
> 제307조【명예훼손】① 공연히 사실을 적시하여 사람의 명예를 훼손한 자는 2년 이하의 징역이나 금고 또는 500만 원 이하의 벌금에 처한다.
> ② 공연히 허위의 사실을 적시하여 사람의 명예를 훼손한 자는 5년 이하의 징역, 10년 이하의 자격정지 또는 1천만 원 이하의 벌금에 처한다.

다른 사람에 대한 안 좋은 이야기를 전달하는 것은 형법상 명예훼손죄에 해당한다. 사람들이 흔히 잘못 알고 있는 법률 지식 중의 하나가 명예훼손에 관한 것인데, 바로 다른 사람에 대해 자신이 전달한 말이 사실이면 범죄가 아니라고 알고 있는 것이다. 우리나라의 형법에서는 사람의 명예를 훼손하는 말을 공공에 알릴 경우 명예훼손죄로 처벌하고, 명예를 훼손하는 그 말이 사실이 아닐 경우에는 허위사실적시 명예훼손으로 더욱 강하게 처벌하고 있다. 따라서 거짓 정보가 아닌 사실이라고 해도 본인이 알리고 싶어 하지 않는 사항에 대해 알리게 되면 명예훼손이 성립한다는 것이다. 물론 사실을 적시하였고 그 사실이 온전히 공익만을 위했다면 처벌을 하지 않기도 한다. 예를 들어 청문회를 생각하면 쉽게 이해할 수 있다. 국가의 중요한 직무를 맡을 예정인 사람에 대해 불미스러운 사실들을 대중에게 공개하지만, 이것은 공익을 위한 것이기 때문에 명예훼손으로 처벌받지 않는 것이다. 하지만 우리가 우리 친구나 혹은 누군가에 대해 그 사람이 숨기고 싶은 사실을 남에게 떠벌리면 명예훼손이 성립하는 것이다. 판례에서는 공공에 전달하는 정도를 때에 따라 다르기는 하지만 피해자를 알고 지내는 1인에게 말하는 것도 포함하고 있다.

악성댓글

인터넷이 발달하며 사람들이 소속된 커뮤니티가 광범위해졌다. 친분이 있거나 지리적으로 근접한 사람들끼리만 만나거나 대화를 나누던 시대에서 오늘날은 친분이 없어도 지리적으로 아주 먼 거리에 있어도 서로 대화를 하고 의견을 주고받을 수 있는 세상이 된 것이다. 범죄도 사람과 사람이 만나게

되면 발생하는 현상 중의 하나이다. 혼자 격리된 공간 속에 있으면서 범죄를 저지를 수는 없듯이 누군가와 마주치고 만나야 범죄가 발생하기 마련이다. 하지만 사이버 공간에서의 활동이 자유로워진 오늘날에는 사람과 사람이 만나는 일이 사이버 공간으로 옮겨졌고, 따라서 범죄도 사이버 공간으로 옮겨진 것이다. 시간과 장소에 구애받지 않고 사람을 만나는 편리함을 얻은 대신 말 그대로 시도 때도 없이 범죄가 발생하게 된 것이다.

사이버 공간이 발달하고 활성화되면서 현대 사회에서의 명예훼손은 주로 온라인 공간에서 발생하게 된다. 온라인 공간에서 만난 사람을 비난하는 행동을 하게 되는 것이다. 다른 사람에 대한 안 좋은 말을 전달하는 것에 있어 훨씬 죄책감 없이 손쉽게 할 수 있는 상황이 된 것이다. 안타까운 일이 아닐 수 없다. 사이버 공간에서 일어나는 명예훼손은 다

양한 유형으로 나타나며 그 중 대표적인 사례는 악성 댓글이다. 악성 댓글의 경우 명예훼손에 포함되는 개념이지만 사람을 비방한다는 목적을 가지고 있어 그 죄질이 더욱 나쁘다. 악성 댓글을 포함하여 온라인 공간에서 사람을 비방하려는 목적으로 가지고 공공에 알리게 되는 경우에도 명예훼손과 마찬가지로 사실이라고 해도 범죄가 성립하게 된다. 정보통신망 이용촉진 및 정보보호에 관한 법률에 따르면 비방하려는 목적이 있었다면 사실일 경우에도 처벌받게 되며, 사실이 아닌 거짓일 경우에는 그 처벌의 강도가 더 높아지게 된다. 연예인이나 정치인과 같은 공인들의 뉴스 기사에 비방의 댓글을 다는 경우가 대표적이라고 할 수 있겠다.

악성 댓글의 경우 빈번하게 일어나서 범죄가 아니라고 생각하거나 범죄라고 알고 있어도 가벼운 범죄라고 생각하는 경우가 많지만, 법정형의 형량을 보면 결코 가벼운 처벌을 하는 범죄는 아니다. 7년 이하의 징역이라는 법정형은 형법의 상해죄와 같은 수준의 법정형이다. 하지만 일반적으로 그렇게 느끼지 않는 이유는 두 가지가 있다.

첫째, 상해의 죄처럼 피해자가 피를 흘리거나 아파하는 모습을 미디어를 통해 볼 수 없기 때문이다. 우리는 폭행이나 상해 피해자의 외상을 미디어를 통해 보며 속상해하기도 하지만, 악성 댓글로 인한 피해자의 외상을 볼 수는 없기 때문이다.

둘째, 악성 댓글과 같은 범죄로 처벌을 받는 범죄자를 자주 접하지 못하기 때문이다. 사이버 공간에서의 범죄는 익명성으로 인해 그 가해자를 특정하기가 힘들기도 하고, 또한 온라인 공간에서의 비방글에 대한 처벌을 규정한 정보통신망 이용촉진 및 정보보호에 관한 법률에서 이 행위에 대해 반의사불벌의 규정을 두고 있기 때문이다. 따라서 악성 댓글의 주 대상이 되는 연예인이나 정치인과 같은 공인이 처벌을 원하지 않을 경우 형사 절차가 진행될 수 없고, 공인의 경우 사회적 이미지를 생각하여 형사 처벌의 단계까지 진행하지 않고 끝내는 경우가 대부분이다. 하지만 온라인 공간에서의 비방으로 스스로 목숨을 끊는 아만다 토드와 같은 어린 피해자도 있었고, 연예인들의 경우에도 이런 악성댓글로 인해 자살하거나 치료를 받는 일도 많이 생기고 있다.

정보통신망 이용촉진 및 정보보호에 관한 법률

제70조 【벌칙】 ① 사람을 비방할 목적으로 정보통신망을 통하여 공공연하게 사실을 드러내어 다른 사람의 명예를 훼손한 자는 3년 이하의 징역 또는 3천만 원 이하의 벌금에 처한다.

② 사람을 비방할 목적으로 정보통신망을 통하여 공공연하게 거짓의 사실을 드러내어 다른 사람의 명예를 훼손한 자는 7년 이하의 징역, 10년 이하의 자격정지 또는 5천만 원 이하의 벌금에 처한다.

③ 제1항과 제2항의 죄는 피해자가 구체적으로 밝힌 의사에 반하여 공소를 제기할 수 없다.

- 사이버불링

사이버불링(Cyber Bullying)은 가상 공간을 뜻하는 단어인 Cyber와 약자를 괴롭힌다는 의미의 Bullying의 합성어로, 사이버 공간에서 일어나는 괴롭힘을 의미하는 단어다.

사이버불링이라는 용어는 사회가 변화함에 따라 생겨난 신조어로 생소하게 느껴질 수도 있다. 먼저, 사이버불링을 우리나라보다 일찍이 심각한 사회문제로 인식한 미국의 정의를 살펴보면, 미국 보건성(U.S. Department of Health & Human Services)에서는 사이버불링에 대해서 다음과 같이 정의하고 있다.[2]

> "사이버불링은 소셜 네트워크 사이트나 문자 메시지 또는 채팅 등의 커뮤니케이션이 가능한 휴대폰, 컴퓨터, 태블릿 PC와 같은 전자기기를 활용하는 괴롭힘을 말한다. 사이버불링에는 모욕적인 메시지나 근거없는 소문에 대한 메시지나 이러한 내용의 공개, 그리고 모욕적인 사진이나 동영상 및 거짓된 개인정보의 공개도 포함한다"

사이버불링은 사이버괴롭힘, 사이버폭력 등의 용어로 번역되어서 사용되기도 하지만 최근에는 그 의미를 명확히 전달하기 위해 사이버불링이라는 원어를 그대로 쓰고 있다. 용어는 생소하게 느껴질 수 있으나 실제로 일상생활에서 사이버불링을 경험하는 빈도는 다른 범죄와 비교하여 월등하게 높게 나타나고 있다.

2017년 사이버폭력 실태조사 보고서에 의하면 사이버불링 가해 및 피해 경험률은 26%로 인터넷 이용자 4명 중 1명은 최근 6개월 이내 사이버불링 가해 또는 피해를 경

----

2 http://www.stopbullying.gov/cyberbullying/what−is−it/.

험한 것으로 나타났다. 그리고 가해 및 피해 경험별로 살펴보면, 학생의 16.2%와 성인(20~50세)의 18.4%가 가해 경험이 있으며, 학생의 16.6%와 성인의 23.1%가 피해 경험이 있다고 응답하였다. 우리나라에서는 학교폭력의 한 유형으로 처음 알려지면서 청소년에게만 국한된 괴롭힘의 한 유형으로 인식되기도 하지만 실제 수치를 보면 성인이 학생보다 더 많이 사이버불링에 노출되어 있다.

• 아만다 토드(Amanda Todd) 사건
아만다 토드 사건은 캐나다의 한 소녀가 심각한 사이버불링의 피해를 받은 사건이다. 청소년들의 온라인 공간에서의 장난 정도로 여겨질 수 있는 이 사건이 전 세계적으로 관심을 끌게 된 것은 아만다 토드가 유투브를 통해 올린 동영상[3] 때문이었다.

2012년 10월, 당시 15세였던 아만다 토드는 유투브에 자신이 당한 사이버불링과 그로 인해 발생한 학교에서의 괴롭힘에 대해 적은 카드를 한 장씩 담담하게 넘기는 플래시 카드 형식의 동영상을 올린다. 그녀는 자신과 온라인 채팅에서 만난 남성에게 보낸 그녀의 개인적인 사진으로 협박을 받게 되고, 결국 그 남성은 그녀의 사진을 온라인상에 공개하게 된다. 빠른 속도로 그녀의 사진이 온라인 공간에서 퍼져나갔고 그 사진을 보게 된 학교의 친구들에게도 괴롭힘을 당하게 된

----

3 http://mews.zum.com/articles/25512154.

다. 그녀는 괴롭힘에서 벗어나고자 이사를 가고, 전학을 가기를 반복하였다. 하지만 피해는 계속되었고 결국 그녀는 자살을 선택한다. 유튜브에 올린 동영상은 그녀의 유서로 남게 되었다.

사이버불링이 심각한 이유는 이처럼 집단적이고 공간의 제약을 받지 않아 일단 한번 피해자가 되면 그 피해에서 벗어나기가 매우 힘들기 때문이다. 아만다 토드의 경우에도 이사를 가도 그 피해에서 벗어날 수 없었던 것은 사이버 공간이 가지는 특징 때문이다.

아만다 토드의 자살과 함께 그녀가 유튜브에 올린 동영상은 전 세계의 주목을 받게 되었고, 캐나다 당국은 대대적인 수사를 통해 관련된 가해자에게 이례적인 강한 처벌을 내리고 관련 법안을 제정하는 등의 노력을 하며 사이버불링 예방이 힘쓰고 있다. 또한 국제적으로 잘 알려진 해커 집단인 어나니머스(Anonymous)에서 아만다 토드를 협박한 남성의 sns계정을 해킹하여 개인적인 정보를 모두 공개하는 등의 행동을 하여 여론의 지지를 받기도 하였다.

• **반의사불벌죄**

반의사불벌죄는 피해자가 가해자의 처벌을 원하지 않는다는 의사표시를 할 경우 국가가 가해자를 처벌할 수 없는 범죄이다.

반의사불벌죄는 모든 범죄에 적용되는 것은 아니며, 형법에서 명문으로 규정된 특정한 범죄에만 적용된다. 특별한 규정이 없는 경우에는 고소, 고발이나 수사기관의 자체적인 인지로 인해 수사가 진행되고 공소가 제기되어 유죄판결이 이루어지면 처벌을 받게 되지만, 반의사불벌죄의 경우 수사가 이루어진다 해도 피해자가 가해자가 처벌받기를 원하지 않는다는 의사표시를 하면 처벌을 할 수 없다. 가해자가 처벌받기를 원하지 않는다는 처벌불원의 의사표시가 있을 때만 해당하는 것으로 아무런 의사표시가 없을 때에는 처벌을 희망하는 것으로 간주한다. 반의사불벌죄는 대표적으로 단순폭행죄와 명예훼손죄가 있다.

실제 형사 절차에서 피해보상의 수단으로 악용되거나 합의나 화해의 과정에서 남용되고 있어 폐지하여야 한다는 주장이 있기도 하지만 모든 범죄에 적용되는 것이 아니며 피해의 회복이 신속하게 이루어지고 법적 평화를 기대하는 장점도 있다.

핵심개념

- 학습이론
- 차별적 접촉이론
- 차별적 강화이론
- 자아관념이론
- 차별적 동일시 이론
- 학대
- 명예훼손

**오페라 속
아리아**

- 「나는 마을의 만능일꾼(Largo al factotum)」
- 「방금 들린 그 목소리(Una voce poco fa)」
- 「나 같은 박사를 속이려면(A un dottor della mia sorte)」
- 「비방(La calunnia)」
- 「하늘에서 웃으리(Ecce ridente in cielo)」」
- 「반항은 이제 그만(Cessa di piu resistere)」

● 생각해봅시다

1. 차별적 접촉이론에서는 친밀한 사람들과의 의사소통을 통해 다양한 학습을 하듯이 범죄도 학습한다고 주장합니다. 형제, 자매나 친구로부터 안 좋은 것을 배운 경험이 있는지 생각해 봅시다.

2. 차별적 동일시 이론에서는 친밀한 관계가 아닌 사람으로부터의 학습도 가능하다고 설명하며 모방범죄의 근거를 제시하고 있습니다. 최근에 범죄를 다루는 다양한 방송프로그램이 생겨난 것에 대해 모방범죄와 관련해 장단점을 설명해 봅시다.

3. 자아관념이론은 긍정적인 자아관념을 소유하고 있으면, 비행적인 외부환경이 존재하더라도 그런 환경으로부터의 유인을 억제한다고 설명하지만, 어떻게 긍정적인 자아관념이 형성되는지에 대한 설명은 부족합니다. 긍정적인 자아관념을 형성하려면 어떻게 해야할 지 개인적인 생각을 정리해 봅시다.

4. 명예훼손죄는 거짓이 아닌 사실을 공연히 적시하면 범죄가 성립됩니다. 자신이 주변 사람들에 대해 잘못된 행동이 아니라고 생각하고 이런 일을 저지른 경험이 있는지 생각해봅시다. 만약 있다면 어떤 결과를 발생시켰는지도 생각해 봅시다.

5. 사이버불링은 청소년뿐만 아니라 성인에게도 심각하게 나타나는 현상입니다. 온라인 공간에서는 사람들이 죄책감을 덜 느끼게 되어 그 피해율도 높게 나타나고 있습니다. 사이버불링을 예방할 수 있는 방법에 대해 생각해 봅시다.

08

오페라와 범죄학, 그 밖의 이야기

" 오페라와 범죄학의 다른 이야기들

- 라 트라비아타와 낙인이론
- 돈 조바니와 억제이론
- 헨젤과 그레텔과 일상활동이론
- 오페라 외의 미디어 속 범죄학

영화나 드라마가 발달하기 이전의 사회에서 오페라는 눈으로 보며 귀로 듣는 유일한 종합예술이었다. 영화나 드라마를 손쉽게 접할 수 있는 시대가 되었음에도 불구하고 사람들이 여전히 오페라를 찾는 이유는 전혀 경험하지 못한 엉뚱한 스토리를 전개하는 듯하지만 사실은 우리의 일상생활에서 마주하는 순간순간이 오페라의 여기저기 스며들어 있기 때문일 것이다. 오페라 속에 등장하는 범죄들처럼 우리는 하루에도 몇 번씩 우리도 모르는 사이에 범죄를 저지를 뻔하고 범죄의 피해자가 될 뻔하지만 우리 개인적인 자제력으로 때로는 주변 환경의 영향으로 그 고비를 넘기며 살아가는 것일 수도 있겠다. 오페라에 등장하는 인물들의 특성을 살펴보며 그들이 범죄를 저지르게 된 배경을 이론으로 풀어가는 과정은 우리가 우리 자신에게 일어날 수도 있는 범죄의 예방을 하는 방법을 알아가는 것이기도 하다.

손쉽게 다양한 장르의 예술을 접할 수 있음에도 사람들이 수고를 들여서 오페라를 여전히 관람하는 이유는 이런 오페라의 매력 때문일 것이다. 우리는 앞서 6편의 오페라를 살펴보았다. 전 세계적으로 대중들에게 인기를 얻고 있는 오페라들이고 등장인물들의 특징이 도드라지게 나타나서 범죄학 이론의 설명에 적합한 오페라들이었다. 하지만 앞서 살펴본 6편의 오페라만을 소개하기에는 너무 아쉬울 정도로 이외에도 매력적인 오페라 작품들이 너무 많다.

몇 편의 작품에 대해 간단하게 살펴보고자 한다. 간단한 소개와 함께 스스로 앞의 6편의 오페라에서처럼 등장인물의 성격과 오페라에 등장하는 범죄 사건을 범죄학적 이론을 적용하여 해석해 보는 것도 의미 있겠다.

오페라 '라 트라비아타'와 낙인이론

오페라 '라 트라비아타'는 베르디의 작품으로 소설 "춘희"를 원작으로 한다. 3막으로 구성된 오페라의 막이 올라가면 '축배의 노래'가 흘러나온다. 오페라에 관심이 전혀 없다 하더라도 축배의 노래 멜로디는 모두에게 친숙하다. 경쾌한 축배의 노래를 배경으로 사람들은 춤을 추고 건배를 하는 성대한 무도회장의 모습이 나타난다. 화려한 시작과 달리 이 오페라는 슬픈 사랑의 비극적인 결말로 막을 내린다.

'트라비아타'란 '잘못된 길을 가는 여자'라는 뜻으로 이 뜻을 알고 나면 오페라의 여자주인공에 대해 더욱 궁금해진다. 원작소설에서부터 이어진 여주인공 비올레타의 직업은 매춘부이다. 매춘부라는 단어로 표현하기에는 빼어난 외모와 수준 높은 지성을 겸비하여 상류층 사교계를 이끄는 화려한 여성이지만 결국 그녀를 바라보는 상류 사회의 시선은 차가울 뿐이다.

여주인공 비올레타는 무도회에서 만난 알프레도와 사랑에 빠진다.

알프레도는 상류층 귀족 사회의 도련님으로 두 사람의 사랑은 허락되지 않는다. 결국 비올레타는 알프레도를 위해 알프레도에게 차가운 말을 하고 떠나버린다. 그렇게 마음에도 없는 말을 하고 떠난 비올레타는 폐결핵으로 혼자 쓸쓸하게 죽어가게 된다. 뒤늦게 이 사실을 알게 된 알프레도가 비올레타를 찾아오지만, 비올레타는 알프레도에게 더 좋은 여자를 만나라고 부탁을 남긴 채 죽게 된다.

리머트(Lemert)의 낙인이론은 'Labeling Theory'를 번역한 것이다. 우리가 옷을 사면 붙어있는 옷에 대한 정보가 붙어있는 '라벨'을 볼 수 있다. 옷에 붙어있는 라벨로 우리는 한눈에 그 옷의 재질이나 브랜드와 같은 정보를 알 수 있게 된다. 낙인이론에서는 사람에게도 이런 라벨이 붙게 된다고 설명하고 있다. 사소한 일탈 행동을 한 사람에게 일탈자라는 낙인이 찍히게 되면 그 이후에는 사회에서 그를 바라보는 시선에 편견이 생기게 된다는 것이다. 정상적인 행동을 한다고 하더라도 안 좋은 목적을 가졌을 것으로 생각하거나, 다른 사람과 같은 실수를 하더라도 "그럴 줄 알았다"라는 반응을 보이게 되고 이런 과정으로 인해 그는 정상적인 사람들과 어울리기 힘들어지고 또다시 일탈 행동을 할 수밖에 없다는 것이다. 청소년의 경우 한 번의 일탈 행동으로 비행청소년이라는 낙인이 찍히게 되면 자신을 바라보는 시선에 따라 본인 자신도 자신을 그렇게 받아들이게 되어 심각한 범죄자로 성장하게 될 가능성도 커진다.

오페라의 여주인공 비올레타는 직업으로 인한 낙인이 찍힌 경우라고 볼 수 있다. 비올레타가 다른 직업을 가진 여성이었다면 비올레타는 알프레도를 그렇게 떠나지는 않았을 테고, 아마도 오페라는 전혀 다른 스토리를 전개하게 되었을 것이다. 낙인으로 인한 불이익을 감당하는 내용은 몇백년 전의 오페라에만 나오는 이야기라고 넘길 수는 없는 이야기이다. 우리가 사는 오늘날의 사회에서도 낙인은 일부 존재하고 있다.

낙인이론은 범죄의 원인이 낙인이라는 내용의 설명보다는 그래서 어떻게 이런 낙인이 생기지 않게 하느냐 하는 정책적 반영을 제시한다는 면에서 더욱 높이 평가받는다. 낙인이 생기지 않게 하기 위해서 국가는 다양한 정책을 펴고 있다. 교도소에 감금시켜 사회로부터 단절시키는 대신 범죄에 따라 사회 내에서 처벌을 수행할 수 있도록 보호관찰이나, 사회봉사와 같은 대체 처벌을 활용하고, 소년범의 경우 성인과 같은 형사처벌을 진행하지 않고 소년범의 형사처분을 따로 마련하여 낙인이 찍히지 않도록 특별히 주의를 기울이고 있다. 이런 국가의 대응에 대한 국민들의 불만도 나타나고 있지만 낙인이론은 강력한 형사처벌로 인한 낙인의 결과가 범죄로 다시 사회에 돌아오게 된다고 설명하며 이에 대한 신중함을 강조하고 있다.

1. 낙인이론에서 정책적으로 제시하는 '다이버전'에 대해 알아봅시다.

2. 낙인을 줄이기 위한 방법 중에 소년법의 형사미성년자 제도에 대해 알아보고 자신의 의견을 이야기 해 봅시다.

3. 성매매에 대한 국가의 규제 방법에 대해 다른 나라와 비교하여 자신의 생각을 이야기 해 봅시다.

오페라 '돈 조바니'와 억제이론

모차르트의 오페라 '돈 조바니'는 모차르트만이 만들어낼 수 있는 독특한 아리아들을 선보이는 화려한 오페라 작품이다. 이 오페라는 희대의 호색한 돈 조바니가 여자를 유혹하기 위해 하는 끝도 없는 나쁜 행실들을 묘사하고 결국 지옥으로 끌려가는 벌을 받는 권선징악의 스토리를 보여준다.

오페라의 시작부터 돈 조바니는 보이지 않고 그의 하인 레포렐로만이 무대에 등장한다. 하인은 여자를 유혹하기 위해 여자의 집에 들어간 돈 조바니를 기다리는 중이다. 레포렐로는 하필이면 이런 주인을 만나 그 뒷처리를 하느라 자신만 고생이라며 불평을 늘어놓고 있다. 돈 조바니는 약혼자가 있는 여자인 돈나 안나를 유혹하기 위해 그녀의 약혼자인 것처럼 위장하여 그녀의 집에 들어간 것이다. 돈 조바니에게 약혼자가 있는 여자를 유혹하는 일은 사실 이상한 일도 아니다.

레포렐로가 부르는 노래를 들으면 돈 조바니는 시골 처녀에서부터 백작의 딸과 공주님까지 유혹하고 다니며 그 여자들의 수가 다른 나라에서 몇백 명씩도 모자라 스페인에서만 천 명이 넘었다고 한다.

한편 돈나 안나가 돈 조바니가 그녀의 약혼자가 아닌 것을 알아차리고 도움을 요청하자 그녀의 아버지가 달려오게 되고 돈 조바니는 그녀의 아버지와 벌어진 싸움에서 그녀의 아버지를 죽이게 된다. 살인을 저지르게 된 것이다. 돈나 안나와 그녀의 약혼자는 돈 조바니에게 복수하기 위해 그를 쫓고 돈 조바니는 도망을 치게 된다. 도망을 치는 동안에도 돈 조바니는 쉬지 않고 여자를 유혹한다. 그러던 중 자신이 예전에 유혹했던 여성과 또 그를 쫓던 돈나 안나의 일행과도 맞닥뜨리게 된다. 이때 돈 조바니는 또 해서는 안 될 행동을 한다. 자신을 위해 성실히 일하던 하인 레포렐로에게 자신의 옷을 입혀 자신만 도망을 치고 하인에게 모든 책임을 떠넘기려 한 것이다. 결국 돈 조바니는 자신이 죽인 돈 나 안나의 아버지의 망령에게 지옥 불로 끌려들어 간다.

돈 조바니의 나쁜 행실을 설명하는 것은 매우 힘들다. 귀족으로 태어 나 부족한 것이 없는 돈 조바니는 무언가를 얻기 위한 수단이라기보다 는 단지 자신의 쾌락만을 위해 여자들을 유혹하고 다녔기 때문이다. 합 리적 선택이론에 따르면 인간은 어떤 행동을 하기 전에 자신이 하려고 하는 행동이 자신에게 줄 이익과 불이익을 따져본다. 자신이 받은 이익, 곧 즐거움이 불이익보다 클 경우에 그 행동을 하게 된다는 것이다.

돈 조바니가 여성들을 유혹하고 이용하고 다른 남자의 여자를 겁탈 할 때에도 그는 자신이 하는 행동의 결과에 대해 생각을 했을 것이다. 그가 끊임없이 그런 행동을 하고 다니는 것은 그런 나쁜 행실들로 그는 즐거움을 얻고, 불이익을 당하지 않았기 때문이다. 그의 행동을 막을 수 있는 제약이 없었던 것이다.

하지만 그의 나쁜 행실들로 그가 받은 불이익이 아주 크다면 돈 조 바니는 그렇게 계속해서 나쁜 행실을 하지는 못했을 것이다. 바로 억제 이론에서 주장하는 내용이다. 억제이론에서는 범죄로 인해 얻는 불이익 을 높이면 범죄자는 범죄를 저지르지 않게 된다고 주장한다. 억제이론 에서 제시하는 범죄로 인한 불이익은 형벌이다. 강력하고 확실한 형벌 이 존재한다면 사람들은 범죄의 욕구를 억제하게 된다는 것인데, 돈 조 바니가 살던 시대에 형벌이 없지는 않았을 것이다.

오히려 중세시대에는 오늘날보다 형벌이 더욱 잔인하고 강력했다. 강력한 형벌은 존재하지만, 그 형벌이 확실하지는 않았던 것이다. 확실 성이란 형벌이 공평하게 집행되는 것을 의미한다. 귀족이라는 이유로 처벌을 받지 않는다면 그 형벌은 확실성이 떨어지게 된다. 돈 조바니는 아마 살인을 저지르기 이전에 수많은 여자에게 했던 불법 행동들에 대 해 발각된 적이 있다 하더라도 크게 문제 되지 않고 풀려나거나 조사도 받지 않았을 것이다. 오늘날은 형벌의 강력함과 확실성이 함께 강조되고 있다. 범죄의 경중이 아닌 다른 이유로 형벌은 면제받는 사람이 없는 사회가 된 것이다. 그럼에도 오늘날의 형사사법 시스템에서도 모든 범죄를 억제하지 못하는 것은 억제이론의 전제인 합리적 인간관이 맞지 않는 범죄가 있기 때문일 것이다.

● 생각해봅시다

1. 합리적 선택이론에서 설명하는 것처럼 인간은 실제로도 행동의 결과에 대한 이익과 불이익을 따져보고 그 결과에 따라 행동을 하게 되는지 생각해 봅시다.

2. 돈 조바니가 마지막에 했던 행동처럼 다른 사람에게 자신의 죄를 떠넘기는 사람에 대한 현대 사회의 사례를 생각해 봅시다.

3. 억제이론에서 설명하는 대로 형벌이 범죄의 억제 효과로 작용한다면 사형은 과연 범죄의 억제 효과가 얼마나 있을지 생각해 봅시다.

오페라 '헨젤과 그레텔'과 일상활동이론

헨젤과 그레텔은 1893년 훔퍼딩크(Humperdinck)에 의해 오페라 무대에 올려졌다. 바이마르에서 초연하고 다른 도시에서도 연이어 인기를 끌었지만, 헨젤과 그레텔은 오페라보다는 원작인 그림(Grimm)형제의 동화로 대중에게 잘 알려져 있다. 대부분 어린 시절 읽어보았을 동화와 오페라의 내용은 헨젤과 그레텔 남매의 부모에 대한 내용에서 차이를 보인다. 원작 동화에서는 계모가 남매를 숲속에 버리자고 친아빠를 설득하였지만, 오페라에서는 남매를 숲속에 내보낸 부모가 친부모로 그려진다. 오페라의 대본을 맡은 훔퍼딩크의 여동생이 그 당시 힘들었던 평민들의 삶을 반영하여 각색하였다고 알려져 있다.

헨젤과 그레텔은 가난한 부모 밑에서 부모의 일을 도우며 살지만, 항상 밝은 남매다. 오페라에서도 1막이 시작되면 오두막에서 일하는 남매의 모습이 나타난다. 아버지를 돕기 위해 빗자루를 만드는 헨젤과 어머니를 돕기 위해 양말을 뜨고 있는 그레텔은 힘든 일을 하면서도 장난치며 노래를 부르고 춤을 추는 밝은 모습을 보여준다. 남매가 어지럽힌 집 안을 보고 화가 난 엄마가 남매를 숲속으로 내쫓는다. 남매의 아버지가 돌아와 아이들을 찾을 때는 이미 날이 어두워진 후였다. 한편 헨젤과 그레텔은 숲속에서 딸기를 따면서도 장난을 치느라 날이 어두워지는 것도 모른다. 결국 길을 잃고 숲속에서 잠이 든 남매는 날이 밝자 깨어나서 과자로 만든 집에 다다르게 된다.

과자로 만든 집에서 배를 채우던 남매는 그 집에 사는 마녀에게 잡히는데 그 마녀는 과자로 아이들을 유혹해서 잡아먹는 악명높은 마녀였다. 헨젤과 그레텔은 마녀에게 잡아먹힐 뻔한 순간에 꾀를 써서 마녀를 화덕에 밀어 넣고, 마녀가 불에 타 죽자 그동안 마을에서 마녀에게 잡혀간 아이들도 모두 살아나게 된다. 헨젤과 그레텔의 부모와 마을 어른들이 숲속에 찾아와 자신의 아이들과 재회하며 오페라는 막을 내리게 된다. 동화를 원작으로 한 만큼 해피엔딩으로 마치게 되지만 오페라의 스토리 곳곳에 가난해서 아이를 쫓아낸 부모나 아이를 잡아먹는 마녀, 그리고 마녀를 화덕에 밀어 넣어 죽이는 그레텔과 같은 요소가 너무 잔인하다는 비판을 받기도 하였다.

일상활동이론은 그동안 설명했던 다른 범죄이론들과는 차이가 있다. 모두 다른 주장을 하고 있지만, 그동안 설명한 이론은 "왜 범죄를 저지르는가?"라는 질문에 대한 답을 제시하기 위한 이론들이다. 일상활동이론은 피해원인론으로 "왜 피해를 당하는가?"에 대해 답을 제시하고 있다. 범죄에 대한 의문의 시각을 가해자에게서 피해자로 옮겨가며 가해자와 비교하여 상대적으로 피해자에게는 관심을 가지지 않았던 형사 절차와 학계에 큰 변화를 가져온 이론이다.

정말 피해자도 피해를 당하는 원인이 있는 것일까? 만약 그렇다면 우리는 범죄피해를 당하지 않는 방법도 찾을 수 있는 것이다. 코헨과 펠슨 (Cohen & Felson)은 범죄 피해가 일어나는 상황에 존재하는 공통된 특성을 설명하였다. 그들의 주장에 따르면 동기가 부여된 범죄자, 적절하고 매력적인 표적, 보호 능력이 결여된 대상이라는 3가지 조건이 충족되면 범죄가 일어나게 된다. 동기가 부여된 범죄자가 존재할 때 매력적인 표적이 있고 그 매력적인 표적이 자신을 보호할 수 있는 능력이 없는 상태라면 범죄가 발생한다는 것이다.

헨젤과 그레텔은 위의 세 가지 조건을 모두 충족시켰다고 할 수 있다. 아이들을 잡아먹는 마녀가 숲속에 존재하였고, 마녀에게 길을 잃고 헤매는 아이들은 무척이나 적당하고 매력적인 표적이었을 것이다. 게다가 마지막으로 가장 중요한 그들을 보호해줄 사람이 아무도 없었다. 마녀가 숲속에서 아이들을 기다리고 있다고 해도, 아이들이 숲속을 돌아다니며 놀았다고 하더라도 부모가 아이들과 함께 있었다면 아이들은 마녀에게 잡혀가지는 않았을 것이다. 동화 속의 마녀는 현실 세계에는 없겠지만 현대 사회에도 온갖 나쁜 목적을 가진 사람들이 존재하며 아이들은 힘이 약하다는 것만으로도 범죄유형을 불문하고 매력적인 표적이 된다. 보호 능력이 결여된다면 범죄로 이어질 가능성이 높아지는 것이다. 아이들에게 보호 능력이란 부모의 올바른 양육과 지도, 감독과 같은 보살핌이다. 일상활동이론의 주장이 아니더라도 부모와 자녀의 긍정적인 관계는 범죄학에서 아주 중요한 요인으로

계속해서 등장하고 있기 때문에 그 중요성은 아무리 강조해도 지나치지 않을 것으로 생각한다.

생각해봅시다

1. 일상활동이론에서 설명하는 3가지 조건에 대해서 실제 범죄사례에서의 예를 들어 봅시다.

2. 아동의 범죄피해를 예방하기 위한 예방방안을 일상활동이론의 설명을 적용하여 생각해 봅시다.

3. 자녀를 적절히 돌보지 않아 다치거나 죽게 하는 것은 형법상 아동학대의 범죄에 해당합니다. 우리가 사는 사회에서 아동학대 범죄의 사례를 찾아봅시다.

오페라 외의 미디어 속 범죄학

오페라는 대중에게 많이 친숙하지 않은 장르의 예술이다. 앞서 살펴본 오페라의 아리아 중에서 들으면 누구나 알만큼 유명한 아리아들도 꽤 있지만 익숙하다고 하더라도 어떤 오페라에 나오는 누구의 아리아인지 모르는 경우가 더욱 많을 것이다. 이렇게 친숙하지 않은 오페라에서만 범죄학을 찾을 수 있는 것은 아니다. 대중들에게 아주 친숙한 영화나 드라마에서도 범죄학적 내용은 여기저기에 나타나고 있다. 실제로 범죄를 주제로 다루는 TV 프로그램들도 많아져서 일반인들도 범죄학에 관심을 가지고 범죄학 용어들을 친숙하게 느끼기도 한다.

영화 속 범죄 사건이 실제의 사건으로

영화에서 나타나는 범죄학은 오페라에서 나타나는 내용보다 그것을 보는 사람들에게 더 큰 영향을 미치기도 한다. 실제로 우리나라에서 2001년도 개봉하여 큰 인기를 끌었던 영화 '친구'는 범죄조직의 다툼과 그들의 강력범죄를 주제로 다뤘다. 영화 속 이야기는 조직범죄에 대해 묘사하기는 하였으나 사실이 아닌 허구였음에도 불구하고 영화가 흥행한 직후에 수많은 모방범죄가 발생하였다. 2001년 부산의 한 고등학교에서 교실에서 자신의 친구를 칼로 찔러 살해한 청소년의 사건의 가해자가 영화 '친구'를 여러 번 봤다는 사실이 알려지며 모방범죄의 심각성이 드러난 사건이었다. 이처럼 영화에서 나타나는 범죄는 범죄에 대한 지식을 전달하는 역할 뿐만 아니라 영화로부터 습득한 정보를 악용할 가능성도 가지고 있어 폭력성이나 음란성에 따라 영화에 등급을 매겨 폭력적이거나 선정적인 영화는 청소년들이 보지 못하게 하기도 하는 정책도 범죄학적 이론에 근거를 두고 있다. 영화 '친구' 이외에도 범죄를 소재로 한 영화가 모방범죄를 발생시킨 경우는 계속해서 나타나고 있지만 앞서 학습이론의 부분에서 설명하였듯이 영화를 본 수백 수천만 명의 관람객들 중에서 영화를 따라 범죄를 저지르는 사람이 한 두 명밖에 나타나지 않는다는 사실을 생각하면 범죄를 소재로 한 영화가 범죄의 원인이 된다는 논리는 억지스러운 논리일 수도 있다.

실제 범죄 사건이 영화 속으로

영화에서 다뤄지는 범죄 사건을 따라 하는 모방범죄와 반대의 경우도 있다. 실제로 있었던 범죄 사건을 영화로 제작하여 사람들의 관심을 끌게 되는 경우이다. 실제로 이런 영화의 경우 이미 사람들이 관심을 가진 사건을 영화화하는 경우가 많기 때문에 영화로 만들어지게 되면 개봉 전부터 크게 이슈화되게 된다.

우리나라에서 많은 관심을 받았던 화성연쇄살인 사건을 소재로 한 영화 '살인의 추억', 11년 만에 유골이 발견된 다섯 명의 초등학생 실종 사건을 다룬 '아이들', 이형호어린이 유괴 살해 사건을 다룬 '그놈 목소리'의 세 편의 영화는 대한민국 3대 미제 사건으로 불리는 사건을 다루어 공소시효의 폐지와 같은 법안의 제정에 시민들의 관심을 높이는 역할을 하기도 하였다. 영화에서는 대중의 관심을 끌기 위해 실제 사건을 다루면서도 사실이 아닌 자극적인 요소를 추가하기도 하여 사람들의 오해를 불러일으키거나 범인을 잡지 못한 책임을 극 중의 수사기관이 아닌 실제 수사기관에 돌리며 비난을 하는 일도 생겨났지만 앞으로 안타까운 미제 사건이 생기지 않기를 바라는 마음은 모두 같았을 것이다.

이와 반대로 이미 범인이 잡힌 범죄 사건을 영화로 만들어 사람들을 또다시 분노하게 하는 영화도 있었다. 21명을 잔인하게 살해하고 사형을 선고받은 유영철 사건을 다룬 영화 '추격자'는 범죄 사건의 분노했던 사람들을 다시 한번 분노하게 하였고, 8세 여아를 성폭행하여 심각한 상해를 입힌 조두순 사건을 다룬 영화 '소원'은 많은 사람을 분노하게 하였고 인터넷상에 많은 커뮤니티를 만들어 영화가 대중에게 미치는 큰 영향력을 보여주기도 하였다.

영화는 사람들에게 미치는 영향력이 아주 크기 때문에 범죄에 관한 소재를 다루게 되면 받아들이는 사람에 따라 좋은 점도 나타나고 나쁜 점도 나타난다. 이런 영화의 영향력을 더욱 좋게 활용하여 범죄를 예방할 수 있도록 노력하면 국가의 정책에 반영되기도 실제로 시민들 개인이 범죄를 예방하게 되기도 하는 좋은 결과가 나타날 것이다.

● 생각해봅시다

1. 오페라 이외의 다른 미디어에서 접한 범죄와 관련된 소재 중 인상 깊었던 내용에 관해 이야기 해 봅시다.

2. 범죄를 주 소재로 다루는 영화를 비롯해 드라마나 TV 프로그램들이 점점 증가하고 있습니다. 모방범죄에 대해 생각해 보고 모방범죄를 예방하기 위한 자신의 생각을 이야기 해 봅시다.

3. 실제 범죄 사건을 소재로 다룬 영화를 생각해 보고 이런 영화들이 범죄예방에 미치는 영향에 대해 생각해 봅시다.

찾아보기

ㄱ

가산적 모델 60
갈등이론 91
고전주의 범죄학 29
공리주의(Utilitarianism) 29
관여(Commitment) 147
교사범 33
긍정적 자극의 소멸 117
긴장이론 112

ㄴ

나쁜 종자이론(Bad Seed Theory) 59
낙인이론 196, 197

ㄷ

다원주의 갈등이론 92
데이트폭력 121
동기화된 범죄자(Motivated Offenders) 36
동조형(Conformity) 89
뒤르켐(E. Durkehim) 87

ㄹ

레클레스와 디나이츠(Reckless & Dinitz) 175
롬브로조(Cesare Lombroso) 58
리머트(Lemert) 197

ㅁ

마르크스(Marx) 91
매 맞는 아내 증후군(Battered Women's Syndrome) 37
명예훼손 183
목표성취의 실패 116
무능화 30
문화적 성공목표 88

ㅂ

반의사불벌죄 189
반항형(Rebellion) 90
방관자 효과 128
방임 67
버제스와 에이커스(Burgess & Akers) 173
범죄의 상대성(Relativity of Crime) 16, 25, 26
범죄학(Biosocial Criminology) 47
보호자의 부재(Absence of Capable Guardians) 36
부정적 자극의 직면 117
비난자에 대한 비난 178

ㅅ

사이버불링 187
사이키와 마차(Sykes & Matza, 1959) 176
사회과정주의 범죄학 98
사회구조주의 범죄학 98
사회복귀 30
사회학습이론 148
상관관계 모델 60
생물사회 범죄학(Biosocial Criminology) 47
생물사회학(Biosociology) 47, 59
생물학적 범죄학 45
서덜랜드 171
성적 학대 67
셀린(Sellin) 92
손상의 부정 177
순차적 모델 61
스톡홀름 증후군(Stockholm Syndrome) 22, 37
신고전주의 36
신념(Belief) 147

신속성(Celerity) 31
신체적 학대 66
실증주의 범죄학 55
실증주의(Positivism) 36

ㅇ

아노미/긴장이론(Anomie/Strain Theory) 78, 87
아노미 88
아동학대 65
아만다 토드(Amanda Todd) 188
약취·유인 63
애착 실험연구 157
애착(Attachment) 147
억제(Deterrence) 29, 30
억제이론 144, 200
엄격성(Severity) 31
에그뉴(Agnew, 1992) 115
에밀 뒤르켐(Emile Durkheim) 26
은둔형(Retreat) 89
응보 30
의례형(Ritualism) 89
의료모델(Medical Model) 31
일반긴장이론 116
일상활동이론(Routine Activity Theory) 35, 204

ㅈ

자아관념이론 174
장물취득죄 96
적절한 피해 대상(Suitable Targets) 36
절도죄 94
정서적 학대 66
주요타자(Significant Others) 157
중화기술이론(Techniques of Neutralization Theory) 98
중화이론 176
쥬크(Jukes) 가계도 68
증폭적 모델 61

ㅊ

차별적 강화 174
차별적 강화이론 173
차별적 동일시 이론 175
차별적 접촉이론 171
참여(Involvement) 147
책임감 분산 128
책임의 부정 177
충성심에의 호소 178
친족상도례 95

ㅋ

퀴니(Qyinney) 92

ㅍ

폭력허용도(Acceptance of Interpersonal Violence) 127
프리메이슨(Free Mason) 47
피해자 없는 범죄 158
피해자-가해자 중첩현상(Offender-Victim Overlapping) 20
피해자의 부정 178

ㅎ

학대 181
학습된 무기력(Learned Helplessness) 23, 38
학습이론 170
합리적 선택이론 141
합법적 수단 88
허쉬(Hirschi) 146
혁신형(Innovation) 89
화이트칼라범죄(White-Collar Crime) 152, 171
확실성(Certainty) 31

기타
112 코드 127
CSI 효과 159

공저자약력

조윤오

現 동국대 경찰사법대학 교수

CUNY 뉴욕시립대 범죄학 박사(Ph.d.)
행정고등고시 44회
前 법무부 보호관찰관 2000-2005

신소라

現 전주대 경찰학과 교수

동국대 경찰사법대학 범죄학 박사
前 한국정보화진흥원 사이버폭력예방 강사
前 서울시 중구청 재난안전예산심의의원

오페라에서 찾은 범죄심리

초판발행   2022년 9월 15일

지은이   조윤오·신소라
펴낸이   안종만·안상준

편 집   조보나
기획/마케팅   이영조
표지디자인   권효진
제 작   고철민·조영환

펴낸곳   (주) **박영사**
           서울특별시 금천구 가산디지털2로 53, 210호(가산동, 한라시그마밸리)
           등록 1959. 3. 11. 제300-1959-1호(倫)
전 화   02)733-6771
f a x   02)736-4818
e-mail   pys@pybook.co.kr
homepage   www.pybook.co.kr
ISBN   979-11-303-0627-8   93350

정 가   15,000원